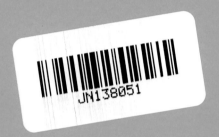

幕末維新
人物100列伝

新田純

展望社

はじめに

平成30年（２０１８）は明治１５０年ということで、ＮＨＫ大河ドラマは維新の立役者・西郷隆盛を主人公とした「西郷《せご》どん」（林真理子原作）となった。

初回は、鹿児島の下加治屋町郷中《ごじゅう》の少年たちのわんぱく話から始まったが、登場するのが、西郷をはじめ大久保利通、有村俊斎、新田新八ら、のちの幕末維新に名を残した人たちだから驚く。さらに大山巌、東郷平八郎らもみんなここで育った。よほど薩摩の郷中制度が優れていたのか、それとももともと優秀な人材たちが集まっていたのかは定かではないが、不思議だ。司馬遼太郎氏も「明治維新から日露戦争まで、一町内でやったようなものである」と書いている。さすが司馬さんらしい見事な表現である。

いずれにしても、この薩摩の人たちがいなければ、特に西郷、大久保がいなければ維新回天の大事業はならなかったであろう。

嘉永６年（１８５３）、ペリー率いるアメリカ東インド艦隊の浦賀来航をきっかけに、日本の近代化の幕が本格的に開く。開国に踏み切った大老・井伊直弼の安政の大獄をはじめ、禁門の変、長州征伐、そして大政奉還、戊辰戦争へと時代は大きく変転して行った。その間、幾多の優秀な人材が失われていったことだろう。

一方、薩摩とともに倒幕のリーダーとなった長州では、一流の人物たちが早くに世を去り、二流の人物だけが残ったといわれるが、確かに吉田松陰、高杉晋作、久坂玄瑞、吉田稔麿、そして木戸孝允までが早世し、彼らの残した功績のおかげで伊藤博文、山縣有朋らが立身したのかも知れない。

しかし、単なる志士ではなく、実務型の彼らだったからこそ明治後の日本の近代化はなったのである。それは西郷、大久保を失った薩摩でもいえることだろう。

ともあれ、多くの血が流れたが、泰平だった江戸時代に培《つちか》われた日本人の叡智《えいち》が、欧米列強から日本の植民地化を守り、明治維新というアジアで唯一の市民革命を成しとげたといっていい。

私たち歴史ファンにとっては、群雄割拠した戦国時代と同様、この幕末・維新の激動の時代の魅力は尽きない。
無念にも死んで行った人たち、あるいは栄達を遂げた人たち、大勢の中からわずか100人を選び、簡単なプロフィールを紹介したに過ぎない本書だが、少しでも歴史愛好家に役立たせていただければ望外の幸せである。

新田純

幕末維新 人物１００列伝●目次

幕末維新 人物１００列伝

薩摩藩

西郷《さいごう》隆盛《たかもり》（1828〜1877）

維新最大の功臣

2018年NHK大河ドラマ「西郷《せご》どん」の主人公（扮するのは鈴木亮平）である。好きな歴史上の人物では常に上位にランクされ、「大西郷」とも呼ばれる。「西郷どん」とは「西郷殿」の鹿児島弁の表現であり、敬意だけではなく、親しみのニュアンスもこめられている。

盟友である大久保利通、長州の木戸孝允とともに「維新の三傑」といわれるが、西郷がいなかったら維新の大業はならなかったと言ってもいい。

薩摩の藩主・島津斉彬の側近中の側近として活躍。さらに斉彬亡きあとも、薩長同盟締結、王政復古、そして江戸城無血開城、戊辰戦争、新政府の樹立、陸軍大将と、めざましい働きをする。

しかし、朝鮮出兵問題（征韓論争）で大久保利通たちと意見が合わず下野、故郷鹿児島に帰り、私学校を開設する。

やがて萩の乱、佐賀の乱など、新政府に対する不平士族の反乱が相次ぐと、その最後で、そして最大の西南戦争を指揮。九州全土をまきこんだ激戦の末、鹿児島の城山で自刃。その波瀾万丈の生涯を閉じた。

西郷が「維新最大の功臣にして最大の逆臣」といわれるゆえ

んである。
勝海舟の使いで初めて西郷と会った坂本龍馬が、勝に感想を問われると鐘にたとえて、「小さくつけば小さく響き、大きくつけば大きく響く。もし馬鹿なら大きな馬鹿で、利口なら大きな利口だろう」と答えたのは有名な話である。

島津斉彬の秘蔵っ子

西郷は文政10年（１８２８）、薩摩国（いまの鹿児島県）鹿児島城下加治屋町で、薩摩藩の下級藩士・西郷吉兵衛隆盛の長男として生まれた。幼名は小吉、通称は吉之助、号は南洲。身長１８１㎝、体重は29貫の巨漢だった。

西郷は父と同名の「隆盛」であるが、これは王政復古の章典で氏名を届ける際、友人の吉井友実が間違えて父の名を届けたためと言われる。それ以降は西郷自らも隆盛で通した。また、幕末動乱時には西郷三助、大島三右衛門、大島吉之助などの変名も名のった。

天保12年（１８４１）、元服し吉之助隆永と名乗るが、6年後には下加治屋町郷中《ごじゅう》の二才《にせ》頭となった。郷中とは薩摩藩の武士階級の子弟の教育組織のことで二才は若者の意味である。つまり、加治屋町に集った維新の偉人たちは、みなガキ大将である西郷に鍛えられたというわけだ。

18歳で万書役助（収税書記助手）となったが、生活は貧しかった。しかし西郷は、税の取り立てで回って知った農民たちの苦境を知ってもらおうと、上司に建白書を提出。それが藩主・島津斉彬の目にとまり、これが契機となり、西郷は江戸行きの随行を命ぜられ、歴史の表舞台に登場する。

やがて西郷は斉彬の秘書官といっていい庭方役に抜擢され、当時、日本で随一の開明派君主と世評の高かった斉彬の手足となって働き、西郷は成長して行く。

政治問題から世界の情勢までで、自らの知識のすべてを西郷に教え込んで、安政5年（1858）、斉彬は急死する。その死は一説に毒殺ともいわれている。

京都で斉彬の訃報を聞いた西郷は、落胆のあまり殉死しようとするが、僧・月照らの説得によって斉彬の遺志を継ぐことを決意する。

維新の実現

斉彬の死によって、弟の久光の子で幼い忠義が新たな藩主となり、実父の久光が国父として事実上藩の運営にあたるが、西郷とソリが合わず、二度にわたり島流しにあうなど、西郷の不遇の時代が続く。

元治元年（1864）、大久保や小松帯刀等の努力によって赦免されると、西郷の大車輪の活躍は始まる。

上京して反長州のリーダーとして陣頭指揮をとったが、長州から「薩賊《さつぞく》会奸《かいかん》」（薩摩は賊であり、会津は奸物）と呼ばれ、会津とともにその宿敵となってしまう。

しかし第二次長州征伐を前に、坂本龍馬、中岡慎太郎の斡旋により、薩長同盟を締結。

これによって、いままで犬猿の仲だった薩摩と長州が手を結び、時代は倒幕へと大きく動き出した。

そして、坂本龍馬の進言によって、土佐の後藤象二郎が提出した建白書を見た十五代将軍徳川慶喜は、慶応3年（1867）、ついに将軍の座を降りる。大政奉還である。これにより二百六十余年続いた徳川幕府は終焉を迎えた。

西郷はその後、朝廷や諸藩に大久保や岩倉具視とともに政治工作を精力的に行い、王政復古の大号令がくだる。

これに反撥した幕府軍を鳥羽伏見の戦いで破ると、新政府軍は錦旗《きんき》を掲げ、官軍として東上。

東征大総督府下参謀となった西郷は、大軍を率いて江戸城に迫った。しかし、有名な勝海舟との会見によって、総攻撃は中止となり、江戸は戦禍から救われた。

西南戦争

維新回天の立役者となった西郷だったが、箱館の五稜郭も落ち戊辰戦争が片付くと、明治新政府の出仕は断って、鹿児島に帰国。兵制の整備にあたっていたが、１８７１年新政府の懇願によりふたたび上京、参議となった。

さらに薩長、土佐の兵を徴収し、天皇を守る御親兵（近衛兵）を編成し、西郷は日本でひとりの陸軍大将・近衛都督となる。

そして、岩倉、大久保らが欧米視察に出発すると、西郷は筆頭参議として留守を預かるが、この間、警察制度の改革、徴兵制の実施、学制の発布などの新しい政策を次々と実施、西郷は政府内でその存在感をさらに大きくした。

しかし、帰国した大久保たちと征韓論をめぐって対立。あくまで鎖国を守り国力の低下している朝鮮・李王朝に対して、西郷は自ら全権大使としておもむき、礼を尽くして国交をまとめると力説するが、大久保たちはあくまで内治優先を主張し、ついに決裂、西郷は下野する。

この時、西郷に同調する参議は佐賀の江藤新平ら4名に及び、軍人、官僚は数百人になったという。明治6年の政変といわれる。

鹿児島に戻った西郷は、私学校を設立したが、新政府はこれを私設軍隊とみて警戒。西郷の名声のもと不平士族が一斉に蜂起することを懸念して、鹿児島に密偵を幾人も放った。

この新政府の動きに激怒した私学校生徒らに担がれる恰好で西郷はついに立った。

明治10年（１８７７）、西南戦争の勃発である。二万数千人にふくれ上がった薩摩軍は、当初破竹の勢いで進み、熊本城を包囲するが、谷干城らの守る政府軍はみごと持ちこたえる。

また、田原坂の激戦では、近代兵器の政府軍に旧式の兵器で立ち向かう薩摩兵は敵ではなく、ついに鹿児島の城山で追いつめられる。

「晋どん、ここらでもうよか」と、別府晋介に介錯を頼み、西郷は切腹する。

「義」に生きた男の見事な最期だった。今でも「大西郷」と慕うファンはあとを絶たない。

西郷伝説

源義経が生きのびてジンギスカンになった、など英雄には伝説がつきものだが西郷にも生存説がある。西南戦争のあと、西郷は中国大陸に渡り生存しているという風聞が広まった。

明治19年、日本がフランスに建造を依頼していた巡洋艦「畝《う》傍《ねび》」が竣工なって日本へ回航される途中、南シナ海で行方不明となる事件が発生した。

海賊に拿捕《だほ》されたという説が一般的だったが、実はロシア海軍に奪われて、その後、日露戦争時に、畝傍は明治政府に報復するため西郷を乗せ、バルチック艦隊の一員として日本に攻めてくるという話がまことしやかに広まったという。なんの根拠もない話だが、大衆は、英雄不滅を信じたいのかも知れない。

また、明治10年には火星の大接近があり9月3日には光度マイナス2．5等あまりに輝いていた。当時の庶民はこれが火星であることを知らず、「異様に明かるい星の光の中に、陸軍大将の正装をした西郷の姿が見えた」という噂が流れ、西郷星として日本中が大騒ぎとなり、錦絵まで何種類も売り出された。

なお、西郷には3度の結婚歴があり、2度目の奄美大島の島妻・愛加那《あいかな》との長男・菊次郎はのち京都市長となり、3番目の妻・糸子との間には寅太郎をはじめ3人の男子があり、第2次佐藤内閣で法務大臣を務めた西郷吉之助は、この寅太郎の子である。

大久保《おおくぼ》利通《としみち》

（１８３０～１８７８）

近代国家を作った男

西郷隆盛、木戸孝允とともに「維新の三傑」のひとり。しかし、木戸が病死し、西郷が城山に散った翌年、大久保も非業の死を遂げる。西郷と木戸が呼び寄せたような死である。

名君、島津斉彬の亡きあと、藩政の実権を握った藩主の実父・島津久光の側近として、藩論を公武合体、そして倒幕へと導いた。

土佐の坂本龍馬らの周旋で、犬猿の仲だった長州の木戸らと薩長同盟を結び、大政奉還、王政復古を実現、さらに戊辰戦争を経て、明治維新を成就。大久保は新政府の中心人物となった。

明治４年（１８７１）、岩倉具視を団長として、条約改正のため欧米を視察する岩倉使節団を結成、自ら副使として欧米を歴訪。特に鉄血宰相ビスマルクに心酔し、日本の目指す国作りのモデルはドイツ（プロシア）と確信する。

帰国後、留守をまかせた西郷、板垣退助らの征韓論に反対、内政優先の策をとったが、これを不満とする西郷、板垣らは一斉に辞職、西郷は鹿児島に帰る。これが幼い頃からの盟友・西郷との永遠の別れとなった。

この明治６年の政変が収まる

と、大久保は内務省を設立、自ら内務卿となる。事実上の首相である。

　ここからまたたくうちに大久保はリーダーとしての手腕を発揮、官僚主導の近代国家を作り上げていく。さらに徴兵制を実施、東京、大阪など6ヵ所に鎮台を置き、近代陸軍の基礎も築いた。

　このある意味、独裁ともいえる大久保の政策は、次々と維新により職を失った不平士族たちの反乱を呼び、ついに明治10年（1877）、国内で最大の戦争、西郷らとの西南戦争へと続いて行く。

非情に徹する

大久保利通は文政13年（1830）、薩摩は鹿児島城下の高麗町に藩士・大久保利世と福の長男として誕生。幼名は正袈裟《しょうけさ》といった。幼少期に加治屋町に移住、この郷中で西郷隆盛や税所篤、吉井友実、海江田信義らと交わり、彼らとはその後、維新回天の同志となる。

　大久保は、武術は得意ではなかったが、学問は抜きん出ていたという。天保15年（1844）、元服し通称を正助とする。

　弘化3年（1846）より藩の記録所書役助として藩庁に出仕するが、世に言うお由羅騒動で父とともに罷免され、謹慎処分となる。しかし島津斉彬が新藩主となると、謹慎を解かれ御倉役として復職する。

　この後、従目付として西郷とともに励むが、斉彬の死により薩摩藩は新藩主・忠義の実父・久光（斉彬の弟）の専横時代へと入って行く。

　そして、久光に嫌われた西郷に代わり、大久保は囲碁を通じて久光に接近、勘定方小頭格を経て、御小納戸役に抜擢され藩政に参与することとなる。また、久光から一蔵の名をもらい、以降これが大久保の通称となった。そして、ここから久光側近として大久保の活躍が始まる。

慶応３年（１８６７）10月、武力による新政府樹立を目指す大久保は、正親町三条実愛から、倒幕の密勅の詔書を引き出すことに成功する。

しかし翌日、土佐藩からの建白を受けた将軍・徳川慶喜が大政奉還を発表したため、大久保は岩倉具視らとクーデターを計画。ついに王政復古の大号令が下った。

明治２年（１８６９）、大久保は新政府の参議に就任。同年の版籍奉還、翌々年の廃藩置県と矢継ぎばやに断行、明治新政府の中央集権体制の確立を目指した。

前述の外遊のあと、不平士族たちの蜂起である佐賀の乱、萩の乱などを自ら兵を率いて果敢に制圧。特に佐賀の乱の首謀者、かつては同じ参議であった江藤新平を斬首、大久保の冷徹さは際立って行く。

それも新生日本をいち早く近代国家に仕上げようとする、大久保の決意ゆえであった。

そして、ついに盟友・西郷のもとに薩摩士族が決起した西南戦争でも勝利で収め、大久保は名実ともに新政府の頂点に上りつめる。

その大久保も明治11年（１８７８）、石川県士族・島田一郎など６名によって単身、馬車を走らせていた東京紀尾井坂で暗殺される。わずか47年の生涯であった。

暗殺された時には、生前の西郷からの手紙を持っていたことから西郷に殉じるため、自ら死を選んだのでは、ともいわれるが、ありえないことではない。

大久保の死で、３傑といわれた維新の立役者たちはみな鬼籍に入り、時代は伊藤博文、山縣有朋、井上馨など次の世代へと移って行った。

家庭の人　大久保

このように、冷徹一筋と思われる大久保であったが、家庭内では人一倍の子煩悩だったという。出勤前の10分の間、ただひとりの娘である芳子を抱き上げて可愛がったといわれる。男の子たちも大久保が帰宅すると、まとわりついて離れなかったという。

　また金銭的にも淡白で、執着せず、私財を蓄えることもなく、必要なら国家の事業にまで私財を提供した。そのため死後に残ったのは現金１４０円に対して借金が８０００円もあったという。大久保の志を知る債権者たちは、遺族に返済を求めなかった。

　この事を見ても、いかに大久保という人物が清廉潔白だったかがよくわかる。

　一方、寡黙で圧倒的な威厳を保ち、冷静な理論家であったため、面と向かっては誰も意見出来なかったという。

「人斬り半次郎」と恐れられていた桐野利秋も、しらふではまともに話ができなかったので、大酒をくらって酔っ払った勢いで、意見しようとしたことがあったが、大久保ににらまれただけで逃げ帰ったという逸話も残っている。

　その反面、人情家の一面もあり、盟友・西郷が城山で死んだ報を聞くと号泣し、家の中をグルグル回りながら「おはんの死とともに新しい日本が生まれる、強い日本が……」と、うめいたともいわれる。

　政府に反逆した西郷が、死後も南洲翁、大西郷として多くのファンがいるのに、大久保に人気が無いのは、やはり徹底したリアリストであったためかも知れない。

　しかし、日本が近代国家として出発出来た最初の礎は、間違いなく大久保利通によって作られたといっていい。

　ちなみに大久保の係累には優秀な人材が多く、次男の牧野伸顕は政治家として多くの実績を残し、昭和の名宰相・吉田茂は、牧野の女婿であり、元首相・麻生太郎、三笠宮寛仁親王妃・信子、参議院議員・武見敬三らは大久保の玄孫である。

島《しま》津《づ》斉彬《なりあきら》

（1809〜1858）

薩摩藩11代藩主。藩主となったのは遅く、43歳の時だったが、その英才ぶりは早くから知られていた。〝島津に暗君なし〟と世に言われるが、その中でも斉彬は傑出した名君と言っていい。

わずか7年間の在位であったが、手塩にかけて育てた西郷隆盛が、斉彬の死から10年後、維新の大業を成し遂げようとは想像も出来なかっただろう。

斉彬は島津家28代の当主だが、その祖は島津忠久で、鎌倉時代までさかのぼる。

忠久が源頼朝から正式に薩摩の地頭に任じられ、島津を称したのが始まりという。以降、忠久が薩摩、大隅、日向3国の守護となり、その子孫は守護大名、戦国大名となっていく。

江戸期には有力な外様大名として、将軍家とも閨閥を築いていく。何年か前の大河ドラマ『篤姫』の主人公・将軍家定の正室・篤姫も島津の出である。

その薩摩藩11代で江戸育ちの斉彬は曽祖父の重豪《しげひで》の影響で、早くから西洋文明に傾倒し、医師シーボルトの門をたたいたのは、17歳の時だった。そこで医学、物理学を学んだ。

藩主就任後は、ヨーロッパ列強の外圧にさらされる日本の急務は、富国強兵にあると考え、反射炉、溶鉱炉、紡績所などを次々と設立、その一帯を集成館と名づけた。

今でもそれは残っており、鹿児島観光の目玉となっているのは衆知の通りである。

越前福井藩主・松平春嶽、土佐藩主・山内容堂、宇和島藩主・伊達宗城とともに、幕末の四賢侯といわれる。

特に春嶽は斉彬の能力を高く買い「英明は近世第一、水戸烈公（徳川斉昭）などの及ぶところではない。実に英雄と呼ぶべき」と絶賛している。

島津斉彬は文化6年（１８０９）、10代藩主・島津斉興と弥姫（周子）の長男として江戸藩邸で生まれた。当時、母の弥姫は賢婦人として知られた女性で、３人の自分の息子は乳母をつけず、自身の手で養育したという。斉彬は前述したように、まだ存命だった曽祖父の8代・重豪の影響で洋学を学ぶ。そして、そのことが薩摩藩を二分する騒動の原因のひとつになったといわれる。

重豪は、藩の金を湯水のごとく使って西洋文明の導入をはかり、蘭癖、つまりオランダかぶれとして有名だったので、もし斉彬が藩主になれば同じやり方をやり、藩財政はいっそう困窮するのではないかと、保守的な藩上層部には心配された。

そのため斉彬を排除し、斉興の側室・お由羅の方の生んだ異母弟・久光擁立の動きが画策された。これに対して斉彬側近は、久光、お由羅の暗殺を計画するが、事前にもれて首謀者13名は切腹、50人が遠島・謹慎に処された。大久保利通の父もそのひとりだった。

そして斉彬と親しかった幕府の老中・阿部正弘や松平春嶽などが事態の収拾にのり出し、ようやく決着。斉興が隠居し、斉彬が11代藩主に就任した。これが世に言う「お由羅騒動」である。

藩主に就くと、斉彬は矢継ぎばやに藩の近代化にのり出し、ヨーロッパ列強から日本を守るために富国強兵策を押し進める。

　自藩のみならず、幕政の改革も急務とみた斉彬は、積極的に幕閣に意見を具申するが、将軍の継嗣問題、日米修好通商条約の調印をめぐり、大老・井伊直弼と対立。

　反対派弾圧にのり出した井伊を糾弾のため、5000人を率いて上洛の準備を進めた矢先、斉彬は急逝してしまう。

　安政5年（1858）7月8日、城下で練兵式観覧の最中に発病し、7月16日死去という慌ただしさだった。享年50。

　死因は当時流行していたコレラといわれたが、父・斉興や異母弟・久光らによる毒殺のうわさも流れた。薩摩ではすでにコレラの流行は終わっていることや、斉彬の嫡子がいずれも夭折している事を考えると、むしろ毒殺されたとみる方が正しいかも知れない。

　藩主在位わずか7年だったが、斉彬が薩摩藩に、そして日本に残したものは、計り知れない。富国強兵に務め、洋式造船、反射炉・溶鉱炉の建設、地雷やガラスの製造などの事業のほか、アメリカから帰国した土佐の漁師・ジョン万次郎を保護し、藩士に造船法を学ばせたりもした。

　また西洋式軍艦「昇平丸」を建造、幕府に献上するなど、その功績は薩摩藩にとどまらないが、なにより斉彬が残したものは、西郷、大久保をはじめ、下級武士の中から有能な人材を抜擢し、自ら育て上げ、明治維新への道を彼らに托したことであろう。

　特に西郷は、自慢の弟子と言ってよく、「家来多数あれども西郷ひとりは、薩国貴重の大宝なり。しかしながら彼は独立の気性ゆえ、彼を使う者、我ならではあるまじく候」と、ほめちぎりながらも、それを使えるのは自分だけ、と自負しているのも、いかにも自信家の斉彬らしい。

島津久光《しまづひさみつ》（1817〜1887）

幕末の薩摩藩12代藩主・島津忠義の実父で、異母兄で11代斉彬亡きあとの薩摩藩の最高権力者。事実上の藩主である。

文化14年（1817）、10代斉興と側室・お由羅の方の子として鹿児島城内で誕生した。

翌年、種子島久道の養子となったが、その後、島津宗家に復帰。天保7年（1836）、島津一門の筆頭・重富島津家の島津忠公の娘・千百子と結婚、重富家の家督を相続した。

その後、斉興の後継の地位をめぐり、斉彬と久光、それぞれを擁立する派閥が対立して、お家騒動に発展するが、幕府の介入により斉興が隠退、斉彬が新藩主となる。

しかし、久光自身は反斉彬派にかつがれただけで、斉彬との関係は終始、良好だったと言われる。

安政5年（1858）、斉彬が死去すると遺言により久光の実子・忠義が藩主に就任、藩主の実父として久光の藩内における政治的影響力は増大する。さらに3年後に宗家に復帰、久光は「国父」として遇されることにより、藩政の実権を掌握した。

さらに久光は、藩内における権力拡大のため、小松帯刀らとあわせて大久保利通、税所篤、海江田信義、吉井友実など、下級藩士のグループ「精忠組」のメンバーを次々と登用する。しかし、その中心であった西郷は、終生ソリが合わなかった。

西郷は久光と意見が合わなかったときは横を向いて「このジゴロ（田舎者）め！」と言い

放ったという。

　また、２度の遠島処分にした西郷を赦す際も、久光は苦渋のあまりくわえていた銀のキセルの吸い口に歯形がついた、などという逸話も残っている。

　文久２年（１８６２）、久光は公武合体周旋のため兵を率いて上洛、朝廷、幕府、雄藩の政治的提携のため活動するが、その間、有馬新八ら自藩の過激分子を粛清するという寺田屋事件を起こす。

　さらに江戸に下り、勅使とともに幕閣と交渉し、徳川慶喜の将軍後見職、松平春嶽の政事総裁職の就任を実現させた。

　その帰り道、武蔵国の生麦村で、通行を妨害したイギリス人を殺傷するという「生麦事件」を引き起こす。これがのちの薩英戦争の引き金となった。

　元治元年（１８６４）、薩摩藩の公武合体論を体現した参与会議が成立するが、横浜鎖港をめぐって政治的対立が生じ、久光は後事を小松や西郷に託し、鹿児島へ帰った。

　その後の３年間、久光不在の中央政局は、禁門の変、長州征伐、薩長同盟の成立、慶喜の15代将軍就任とめまぐるしく動いて行った。そして大政奉還、王政復古、戊辰戦争へとつながる。

　明治４年（１８７１）、西郷、大久保らの主導により廃藩置県が断行されると久光は激怒、自邸の庭で一晩中花火を上げて抗議したという。

　その後、新政府の執拗な要請によって上京し、内閣顧問などを歴任するが、新政府とは意見が合わず帰国。以後、鹿児島で隠居生活を送り、島津家の資料の蒐集などに専念したという。

　また、西郷ら鹿児島士族の蜂起には久光は一切関与せず、中立の立場を貫いた。

　そののちも明治政府は、わがままな久光の処遇に苦慮し、叙位・叙勲などにおいて最高級で遇した。

　昭和天皇の皇后は久光の曽孫であり、今上天皇は玄孫である。

小《こ》松《まつ》帯《たて》刀《わき》

（１８３５～１８７０）

薩摩藩の家老で、西郷、大久保の陰にかくれて広く知られていないが、むしろ彼らの上に立って維新の大業を成し遂げたリーダーと言ってもいい。

２００８年のＮＨＫ大河ドラマ『篤姫』で、篤姫の幼なじみ肝付尚五郎として登場し、彼に扮したデビュー早々の瑛太の、みずみずしい姿を記憶の方も多いのではないか。

天保６年（１８３５）、鹿児島城下の喜入屋敷で、喜入領主・肝付兼善の三男として生まれた。通称は尚五郎という。

幼時から秀才の誉《ほま》れ高く、漢学者・横山安容の下で儒学を修めるが、体質的に虚弱で病に伏せることが多かった。

21歳で奥小姓・近習番勤めに任じられ江戸詰めとなる。しかし、わずか2ヵ月で帰国を命じられ鹿児島に戻る。そして吉利領主・小松清猷の養子となって家督を相続。清猷の妹・近（千賀）を娶って帯刀と改名。

島津斉彬が没し、忠義が新藩主になると、当番頭兼奏者番となり、藩政に積極的に関与するようになった。

さらに、文久元年（１８６１）には長崎出張を命じられ、オランダ軍艦に乗船し、軍艦操作や水雷砲術などを学び、若手のホープとして期待される。その後、国父・久光の側役に抜擢され、久光体制が確立すると、御改革御内用掛に任命され、藩政改革に取り組んだ。当時の部下に大久保利通がいる。

翌年、久光の上洛に随行し、ついに薩

摩藩の指導者となる。

多くの人脈があったが、特に坂本龍馬とは昵懇《じっこん》で、龍馬の亀山社中（後の海援隊）設立を援助したり、龍馬の妻・お龍の世話もしている。

また、薩長同盟の密約も、京都の小松屋敷だったと伝えられている。

先日、新聞に所在が不明だった小松屋敷の絵図が見つかったというニュースが出ていた。御所のすぐそばだったという。

大政奉還の際は、藩代表として徳川慶喜に辞職を献策し、つねに西郷、大久保を率いて薩摩藩の先頭に立ったが、長年の病が進み、明治3年（1870）、わずか36歳で大阪で死去。長命を保てば、新政府の重鎮になっていただろうと惜しまれてならない。

幕末に日本に滞在したイギリス人の外交官、アーネスト・サトウもその著書で「私の知っている日本人の中で最も魅力的な人物で、家老の家柄ながら、政治的才能があり人に優れ友情に厚く、いろんな点で傑出していた」と賞賛している。

また小松は、愛妻家としても知られ、千賀との結婚の際には、霧島の温泉に新婚旅行に出かけていて、日本最初の新婚旅行といわれている龍馬・お龍のそれよりも10年早かった。

西郷隆盛に初めて会いに行った際、西郷が身分としてははるか上とはいえ、7歳も若い小松の度量を試そうと、わざと横になって小松を待っていたところ、小松はそれを見て立腹することなく、わざわざ西郷のために枕を持ってこさせたという。西郷はその一言を聞くと、居住まいを正して詫び、忠誠を誓ったといわれる。

さらに坂本龍馬が、暗殺される前に作って西郷に示した新政府の人事案では、西郷や大久保、桂をおさえて小松が筆頭にあげられていた。いかに小松が、当時、若いが人望厚かったかがわかる。

五代友厚《ごだいともあつ》（１８３６〜１８８５）

五代友厚は薩摩藩士だが、大阪を本拠に鉱山経営など幅広い実業活動を行い、「まさに瓦解に及ばんとする萌し」（五代談）のあった大阪経済を立て直す指導者となった。

それより五代が有名になったのは、２０１５年下半期のＮＨＫ朝ドラ『あさが来た』で、主人公を助ける役で登場したからで、イケメンのディーン・フジオカを一躍スターダムに押し上げた。

天保6年（１８３６）、鹿児島城下で薩摩藩の記録奉行・五代直左衛門秀尭の次男として生まれた。通称は才助。

五代が14歳の時、父は五代を招き、藩主がポルトガル人から入手した世界地図を見せ、複写を命じた。五代は2枚複写し、1枚を自分の部屋に貼って毎日眺めていたという。

この頃から五代の夢は、世界に羽ばたいていたのかも知れない。

安政2年（１８５５）、前年のペリー来航で天下は騒然となっている中、五代は藩の郡方書役助となる。そして翌年、藩の伝習生として幕府の長崎海軍伝習所へ派遣され、オランダ士官から航海術を学ぶ。

当時、長崎海軍伝習所には各藩のエリートたちが集まっていて、幕臣の勝麟太郎（海舟）もいた。彼らから色々学んだが、特に勝の開国国防論は、その後の五代の思想に大きな影響を与えた。

慶応元年（１８６５）、藩命により寺島宗則、森有礼らとともに、薩摩藩遣英使節団としてイギリスに出発、欧州各地を巡歴。この時の経験がのちの五代の人生に大きく役立った。

そして五代の眼は、世界に向けて大きく開かれる。

翌年、御小納戸奉公格に昇進し、薩摩藩の財政を一手に握る会計係に就任、長崎のグラバーと合弁で小菅にドックを開設するなど、実業家としての手腕を発揮し始める。

明治元年（１８６８）、新政府が出来ると五代は参与職外国事務掛となり、大阪に赴任、堺事件、イギリス公使パークス襲撃事件など、数々の外交処理にあたった。

また、大阪に造幣寮（現造幣局）を誘致、さらに初代の大阪税関長となったりと、文字通り大阪実業界のリーダーとなっていく。

退官後の明治2年からは本格的に事業経営に乗り出し、紡績業、鉱山業、製塩業、製藍業などの発展に尽力した。

特に、奈良の天川郷の天和銅山や福島の半田銀山など、多くの鉱山の開発、再開発などを行い、「鉱山王」の名をほしいままにした。

一方、薩長藩閥政府との結びつきが強く、大久保や木戸と料亭に集っては会合し、黒田清隆の開拓使官有物払下げ事件に関わったりして、政商と呼ばれた。

しかし、現在の大阪商工会議所、大阪証券取引所、大阪市立大学、大阪商船、南海電鉄など、五代が手がけた事業は枚挙に暇がなく、まさに関西実業界の立役者といっていい。

明治18年、糖尿病により東京の自邸で没する。まだ49歳の若さであった。

五代の棺は、東京築地から横浜、神戸へと船で、さらに神戸から大阪まで汽車で運ばれたのち、中之島の邸に運ばれた。そこで行われた葬儀には、五代を偲ぶ4千人を超える弔問客が訪れたという。その自邸跡は現在の日本銀行大阪支店である。

桐《きり》野《の》利《とし》秋《あき》（1838〜1877）

　桐野利秋、前名の「人斬り半次郎」として、多くの映画や小説で描かれた人物だが、実際は西郷を兄として心酔し、ともに城山で散った情にもろい好漢だった。

　天保9年（1838）、鹿児島吉野村で城下士・中村与右衛門（桐野兼秋）の次男として生まれた。西郷の最期の際、介錯した別府晋介は、母方の従弟である。

　文久2年（1862）、国父・島津久光に随って上京、直後の寺田屋事件や薩英戦争の頃には、まだ目立った活躍はしていなかったが、やがて諸藩の志士たちと広く交わると、倒幕を唱えるようになり、小松帯刀や西郷に愛され、行動を共にするようになる。

　慶応3年（1867）9月、薩摩藩で陸軍の教練をしていた軍学者・赤松小三郎を幕府の密偵と見破り、白昼暗殺した。後世「人斬り半次郎」といわれるが、実際暗殺したのは赤松一人だけといわれる。逆に、同年に坂本龍馬が暗殺された際には、犯人探索や海援隊、陸援隊との連絡などに奔走し、遺族たちの面倒もみている。

　また、御陵衛士となっていた伊東甲子太郎らが、新選組により殺害された際には、逃げてきた残りの隊士を藩邸に匿ったりもしている。

　戊辰戦争では西郷に従い、数々の武勲をあげ、駿府（静岡）での西郷と山岡鉄舟の会談に立ち合ったり、西郷と勝海舟の江戸城開城の会談にも同席したという。江戸に入ってからは、上野の彰義隊討掃にも黒門口で奮戦し、会津攻めでは西郷直属の軍監として活躍した。

会津藩降伏後の若松城開城の式で、官軍を代表して城の受け取り役を務めたのが桐野利秋だった。

その際の松平容保の読みあげた降伏の辞の意味がよくわからず、「われに『日本外史』を読む力があれば」と、自らの無学を恥じたといわれ、西郷も「彼をして学問の造詣《ぞうけい》あれば、到底吾人の及ぶ所にあらず」と評しているが、実際の桐野は読み書きの教養は充分にあったといわれる。

ただ、当時の武士の教養のもとであった漢文の知識がなく、自ら謙遜して文盲と言ったに違いない。

アーネスト・サトウも「城の受け取りの際、中村半次郎は男泣きに泣いたと聞いている」と書き残しているし、城中の藩士たちにも親身になって接してくれたという。情に厚い桐野ならではの話である。

その桐野に、のち松平容保は金銀造りの刀を贈ったという。

また城受け取りの際の態度が、堂々としていて作法にかなったものだったので、のちに「あんな作法はどこで覚えたのか」と友人に聞かれると、「芝居の赤穂城受け取りから学んだ」と答えたという、なかなかのユーモリストでもあった。

明治4年（１８７１）、新政府の兵部省に出仕し、陸軍少将となる。翌年には熊本鎮台の司令長官となるが、同6年、西郷の下野に従い、辞表を提出して帰郷した。

明治10年（１８７７）の西南戦争では、西郷のもと事実上の司令官として戦ったが、西郷の自決を見届けると桐野はさらに進撃、岩崎口に籠もって抗戦するが、ついに額を打ち抜かれて即死。享年40。

西郷に生き、西郷に死んだ生涯だった。

大山《おおやま》巌《いわお》（１８４２～１９１６）

大警視、陸軍大臣、元老、貴族院議員、元帥・陸軍大将、そして公爵と文字通り功なり名を遂げた薩摩藩士。

天保13年（１８４２）、鹿児島城下加治屋町に大山綱昌の次男として生まれた。通称は弥助。西郷隆盛・従道兄弟とは従兄弟にあたる。

当初、薩摩藩の若手を中心とする過激派に属していたが、薩英戦争で西欧列強の軍事力に衝撃を受け、幕臣・江川英龍の塾で砲術を学び、その後四斤山砲などの改良を行い、大山の設計による大砲はその名にちなんで「弥助砲」と呼ばれた。

鳥羽伏見から会津まで各地を転戦、会津では薩摩藩二番砲兵隊長として従軍するが、若松城攻撃の初日に右股を撃ち抜かれて翌日後送されてしまう。

この時、主だった兵はほとんど出撃中だったので、城内には負傷兵や女性しかいなかったため、大山を撃ったのは、数年前のＮＨＫ大河ドラマ『八重の桜』のヒロイン山本八重（のちの新島襄の妻）だったといわれる。

さらに城内には、のち大山の妻となる山川捨松とその家族もいたというから、奇縁というほかない。

維新後の明治2年（１８６９）大山は、観戦武官として渡欧し、普仏戦争を視察、近代戦を目の当たりにして、軍制の改革の急務を痛感する。

西南戦争では、政府軍の攻城砲隊司令官として兄と慕った西郷と戦ったが、情にもろい大山はこのことを生涯気にかけ、二度と鹿児島には戻らなかったという。しかし西郷の家族とは、その死まで親しく交わり、特に従道とは親戚というより盟友といっていい。

日清戦争では第2軍司令官として、日露戦争では満州軍総司令官として、ともに日本の勝利に大きく貢献、「大山あっての陸軍」と謳われた。

大正5年（1916）、内大臣として大正天皇に供奉し、福岡での陸軍特別大演習を参観した帰途倒れ、同年末に帰らぬ人となった。

臨終の枕元には、山縣有朋をはじめ寺内正毅、黒木為楨など、陸軍のトップたちが顔をそろえたといわれ、大山がいかに人望が厚かったかがわかる。

そしてその国葬では、駐日ロシア大使をはじめロシア軍人たちも並び、「全ロシア陸軍を代表して」との弔詞が述べられたという。かつての敵国からこのような丁重な弔意を受けたのは、大山とそのあとの東郷平八郎のふたりだけである。

また大山は、従兄弟の西郷隆盛に似て大柄で肥満体だったため、その体型と顔の印象からガマ（ガマガエル）というニックネームが付けられていた。ビーフステーキと赤ワインが大好物で、体重も95kgを越えていたという。

妻の捨松は友人あての手紙で、「主人はますます太り、私はますます細っています」とユーモアたっぷりに愚痴をこぼしている。

この捨松夫人は、会津藩家老・山川浩の妹で、津田梅子らと岩倉使節団といっしょに渡米した少女のひとりで、先妻を亡くした大山たっての希望で後妻となったが、本場仕込みの英語力と持ち前の美貌と聡明さで大山をよく助け、「鹿鳴館の華」と謳われた。

また大山の先妻との娘・信子は徳冨蘆花《ろか》の小説『不如帰《ほとどぎす》』のヒロイン・浪子のモデルといわれている。

黒田清隆《くろだきよたか》（1840〜1900）

　薩摩藩士として、幕末には薩長同盟締結などで奔走し、戊辰戦争では新政府軍の参謀として活躍。維新後は北海道開拓を指揮。西郷、大久保亡きあとは、薩摩閥の重鎮となり総理大臣にまで上りつめた。通称は了介。

　天保11年（1840）、鹿児島城下で、黒田仲佐衛門清行の長男として生まれる。黒田家は、石高わずか4石の下級武士だった。黒田は示現流有数の使い手で、生麦事件の時も、抜刀しようとした藩士を素手で止めたという。鳥羽伏見の戦いでは、小銃第一隊長として戦い、そのあとの北越戦争では、長州の山縣有朋とともに、北陸道鎮撫総督の参謀を命じられた。

　激戦で有名だった北越戦争の時は、その才を惜しんで長岡藩総督・河井継之助を降伏させ、新政府に登用すべきと考え、書を送ったが、残念ながら河井のもとには届かなかったという。

　このように、敵将に有為な人材がいれば、戦いのあと新政府に登用という考えは、いかにも器《うつわ》の大きな黒田らしい。箱館戦争の時もそうだった。

　明治2年4月、江差に上陸、旧幕府軍との戦いの総指揮を執ったのが黒田だった。旧幕府軍が箱館に追いつめられると、さっそく助命工作にのり出し、榎本軍を五稜郭に追い込み、榎本武揚に降伏を勧めた。

　降伏を覚悟した榎本は、自分の身はどうなろうと構わないが、愛蔵していた『海律全書』を、これからの日本のためにはぜひ必要なものだと、敵将の黒田に託した。榎本が、オランダ留学時代から肌身離さず持っていたものである。

　黒田はこれに感激し、これ以降、榎本の助命のため奔走する。厳罰を求める者たちに対し、黒田は頭を丸めて嘆願したという。榎本は終生、この恩を忘れなかった。明治7年、ロシアとの交渉にあたり、黒田は榎本を推挙、榎本は特命全権公使として樺太・千島交換条約締結という大役を果たした。

　平時はその手腕をいかんなく発揮した黒田だったが、ひとたび酒が入ると大暴れするという悪癖があった。明治11年、肺を患った黒田の妻が死んだ。ところが、酒に酔って帰ってきた黒田が、出迎えが遅いと逆上し、妻を殺害したという記事が『団々珍聞』に載った。

　黒田は辞表を出したが、大久保はこれを保留、大警視の川路利良に調査を命じる。川路は妻の墓をあけて中を確認し、病気と結論、黒田の疑惑は晴れた。このスキャンダルや続く疑獄事件で黒田の名声は傷つくが、薩摩閥の重鎮の地位は変わらなかった。

　伊藤博文のあとを受けて、明治21年、第2代内閣総理大臣となる。在任中に大日本帝国憲法発布という大事業をなしとげたが、条約改正案に反対された井上馨へのうっぷんから、酔っ払って井上邸に忍び込むという事件をおこし、政府内からも非難を浴びた。

　明治になってまだ間もない頃、酒席で大暴れしている所を、桂小五郎の時代から無双の剣術家として知られた木戸孝允に押さえつけられ、毛布でぐるぐる巻にされて自宅へ放り込まれたという。以後、黒田の酒を抑える言葉は「木戸が来るぞ」だったというから面白い。

　明治33年、脳出血で死去。葬儀委員長は、もちろん盟友・榎本武揚がつとめた。ちなみに黒田の娘・梅子は、のち榎本の長男の妻となっている。

海《かい》江《え》田《だ》信《のぶ》義《よし》

（1832〜1906）

薩摩藩士として、西郷、大久保らとともに安政の大獄から始まって、のちの戊辰戦争まで続く激動の時代を戦い抜き、維新後は明治政府の高官となって、長寿を全うした。幕末期、維新の志士として活躍した頃は、有村俊斎の名で知られた。

天保3年（1832）、薩摩藩士・有村仁左衛門兼善の次男として生まれる。11歳で島津斉興の茶頭に出仕して茶坊主となり、俊斎と号した。

最初、薩摩独特の示現流剣術を学び、のち薬丸兼義に薬丸自顕流を学んだといわれる。自顕流に伝えられるところでは、道場破りにきた有村が、大山綱良（のち鹿児島県令）に敗れ入門したとなっているが、事実かどうかはわからない。

嘉永2年（1849）、お由羅騒動に巻き込まれ父子とも一時藩を追われ、苦労するが、新藩主となった斉彬によって復帰、西郷、大久保らと「精忠組」を結成。この頃から、幕政の改革や日本の近代化に目ざめたといわれる。

同5年、樺山三円とともに江戸藩邸詰めとなり、水戸藩邸に出入りするようになる。両田として名高かった藤田東湖、戸田忠太夫に師事し、水戸の藩是である尊王論を学ぶ。西郷を藤田に引き合わせたのも有村だった。

このことから安政の大獄が始まると、有村も追われ、西郷とともに僧・月照を保護して鹿児島に帰国するが、島津久光から軽挙妄動を諫められ、藩政に精を出すこととなる。

しかし、大老・井伊直弼を暗殺した桜田門外の変では、三弟・有村次左衛門が水戸浪士とともに行動、井伊暗殺ののち自刃。さらに水戸浪士と通じていた次弟の雄助も、鹿児島で母と大久保たち精忠組の立ち会いのもと、自害している。

文久元年（１８６１）、安政の大獄で獄死した日下部伊三治の次女・まつを娶り、同時に婿養子となり、海江田信義と改名した。海江田は日下部の旧姓だった。

翌年、島津久光の護衛として上洛、さらに江戸行きにも随行し、この帰路、有名な生麦事件が起きる。

久光の行列を遮って斬られた瀕死の英国人、チャールズ・リチャードソンに止《とど》めを刺したのが海江田だった。

やがて戊辰戦争が始まると、海江田は東海道先鋒総督参謀となり、江戸城明け渡しの際には西郷を補佐し、勝海舟ら幕府側と交渉するなど活躍するが、新政府軍の宇都宮からの庄内転戦や、上野の彰義隊に対する作戦などでは、長州藩の指揮官・大村益次郎と意見が合わず、ことごとに対立。「あいつは殺してやりたい」などと周囲に洩らしていたという。

そんな背景があって、当時、大村暗殺は海江田の扇動による、などの風評もあった。この一連の不祥事の責任をとり、海江田は謹慎処分となる。

明治3年（１８７０）、大久保の尽力により官職に復帰するが、激しい性格ゆえか、幾度となく問題を起こす。

そして辞職、薩摩隠遁をくり返し、その間に西南戦争、大久保暗殺という事件が続き、もはや海江田の出番はないと思われたが、明治14年、元老院議官として官職についたのを皮切りに、子爵、貴族院議員、枢密顧問官と栄達、勲一等旭日大綬章を受賞し、明治39年、波瀾の生涯を閉じた。享年75。

調所広郷《ずしょひろさと》（1776〜1849）

西郷や大久保より一時代前の、薩摩藩財政の立て直し役である。500万両もあった藩の借金を事実上ゼロにし、さらに250万両といわれる蓄財が出来たのも調所の手腕による。この資金がなければ、薩摩藩の近代化もなかったし、維新回天も実現しなかったかも知れない。

安永5年（1776）、城下士・川崎主右衛門基明の子として生まれ、のち調所清悦の養子となり、笑左衛門の名で知られる。前藩主・島津重豪に見出され、のちに斉興に仕え、天保9年（1838）には家老にまで出世、藩の財政、農政、軍制の改革に取り組んだ。

当時、薩摩藩の財政は、破綻寸前となっていた。先代・重豪の派手な暮らしや蘭癖（オランダ狂い）のせいといわれるが、それだけでここまで膨らむことはなく、高利貸しの利息でどんどんふくらんでしまったのだ。調所はこれら高利貸しを脅迫して、無利子250年払いで話をまとめたが、これは事実上のふみ倒しである。

しかし調所の賢い所は、これら商人たちに密貿易を優先的に扱わせ、ふみ倒すどころか彼らに利益を上げさせた。

さらに藩は、砂糖の専売制などを行い、数年で250万両の蓄えが出来るまで財政を回復させる。

しかし「お由羅騒動」で久光派に与《くみ》したため、斉彬が藩主となると失脚。江戸藩邸で急死。責任が斉興まで及ぶのを防いだ服毒自殺といわれている。

赤《あか》山《やま》靭《ゆき》負《え》（1823～1850）

幕末の薩摩藩の重臣。島津氏分家の日置島津家当主・島津久風の子として、文政6年（1823）に生まれた。

日置島津家は、戦国期の島津四兄弟の三男・島津歳久を祖とする薩摩藩の名門で、代々家老をはじめ重役に就いている。

赤山の長兄・久徴も12代藩主・島津忠義の主席家老。弟は西南戦争で散った桂久武。

藩主みずからの手で加冠を受け元服、小納戸見習行奥小姓となり、江戸滞在中は供目付を兼務、さらに槍奉行に昇進、将来に向けて順調に出世する。

しかし、世に言う「お由羅騒動」により赤山の運命は一変する。島津斉彬の項でも述べたが、当時の薩摩藩では、斉彬と側室お由羅の子である久光との家督争いが発生、藩士もこの二派に分かれて対立。なかなか進まない相続に、斉彬一派は大いに不満を持って幕府に仲介を頼む。その家臣団の中心にいたのが赤山靭負だった。

やがて幕府の仲裁により、斉彬が就任。そして「お由羅騒動」の中心人物の赤山は、斉興により切腹を命じられる。その切腹の介錯を命じられたのが、西郷隆盛の父・吉兵衛だった。

吉兵衛は、赤山の血染めの肌着をもらい受け、子の隆盛にその最期を伝えた。西郷はその肌着を拝して号泣し、終夜その肌着を抱いて過ごしたという。

その後の西郷の活躍が大きく飛躍するのは、この赤山の無念の死が土台になっていたといわれている。

大山綱良《おおやまつなよし》（1825～1877）

文政8年（1825）、樺山善助の次男として鹿児島城下で生まれ、のち大山四郎助の婿養子となる。藩内随一の使い手といわれ、薬丸自顕流の高弟中の高弟といわれた。維新前の通称は格之助。

西郷、大久保らとともに精忠組のメンバー。島津久光の上洛に随行し、文久2年（1862）の寺田屋事件では、久光の命により過激派藩士の粛清に加わり、中心的役割を果たした。

戊辰戦争では、奥羽鎮撫総督府下参謀となるが、大山率いる新政府軍は庄内戦線において、連戦連敗するという苦い経験もする。

新政府では鹿児島県の県令となる。旧藩主の言いなりになると困るということで、各県の県令には他藩出身の者をあてるという取り決めがあったが、鹿児島だけは例外であった。

明治政府には薩摩出身者が多く、鹿児島は治めるのに難しい国であるのを熟知していて、他藩出身者では無理と判断したためといわれる。また、いまだ絶大な力を持っている島津久光の意向だったともいう。

当初、久光側にあった大山は、西郷との関係は良くなかったといわれたが、西南戦争が起こると、西郷を援助。集めた税金を政府に渡さずに私学校のために使った。当時の鹿児島は、大山率いる独立国の体《てい》だった。

大山は官金を西郷軍に提供した罪により、戦後逮捕され東京に送還、そのあと長崎に送られて斬首された。53歳だった。

税所《さいしょ》篤《あつし》（1827～1910）

文政10年（1827）、薩摩藩士・税所篤倫の次男として生まれる。藩主・島津斉彬に認められて勘定所郡方、三島方蔵役となり、精忠組の中心メンバーとして西郷、大久保と行動をともにする。剛直をもって知られ、旧幕時代は薩摩のリーダーとして活躍、西郷、大久保とともに薩南の三傑と並び称されたこともあった。

幕府が海軍育成のため、長崎に海軍伝習所を設立すると、斉彬の命により、五代友厚や川村純義などと共に派遣された。

西郷が島津久光によって奄美大島に流されると、生活物資や情報を送り続けた。自身が久光の側近として抜擢されると、西郷の召還を実現させたり、大久保の登用を進言したりした。

禁門の変では、小松帯刀率いる薩摩軍の参謀として参戦、銃弾を3発も浴びながら奮戦、長州軍を退却させるなど、多くの武功をあげた。

その一方、長州藩の降伏時における処理や戊辰戦争にも力を発揮、税所の名は各藩に知れ渡る。新政府では、大久保の推薦でまだ政情不安定だった西日本の県令、知事を歴任した。

大久保からは全幅の信頼を受け、生涯を通して公私とも親しい関係にあった。大久保も税所に対してだけは「税所老兄」と敬ったという。大久保遭難の折には、慟哭のあまり死にかけるほどだったと伝えられる。

宮中顧問官、枢密顧問官などを務めたあと、明治43年、84歳の天寿を全うした。

吉井友実《よしいともざね》

（1828～1891）

文政11年（1828）、薩摩藩士・吉井友昌の長男として鹿児島城下加治屋町に生まれる。

藩政改革を進める島津斉彬のもと、大坂藩邸留守居役を務め、各藩の勤皇志士たちと親交を重ね、若手改革派のホープとして注目された。斉彬の死後、大目付役に就任。

文久2年（1862）、島津久光の上洛、江戸下向に随行、のちに徒《かち》目付や御用部屋書役などを務め、西郷、大久保らと精忠組のリーダーとして藩の尊王倒幕を進めた。

禁門の変、第一次長州征伐で活躍したあと、慶応4年（1868）、戊辰戦争の緒戦である鳥羽伏見の戦いでは自ら兵を率いて多大な功績をあげる。

新政府が成立すると、参与や弾正少弼、さらに大久保の推挙で宮内少輔に就任。宮中の改革を進め、若き明治天皇の輔導に努めた。

西南戦争では大久保につき、西郷と袂《たもと》を分かつ。戦後は元老院議官や工部大輔を歴任したのち、日本鉄道社長となる。

日本鉄道の社長時代は東京―前橋間の開通に心血を注いだ。始発駅をどこにするかなど、政府側との対立もあったが、明治19年（1886）に宮内次官に任命され、2年後枢密顧問官も兼任、大日本帝国憲法の審議にも参加したのち、63歳で死去。伯爵。

「かにかくに　祇園はこひし寝るときも　枕の下を水のながるる」で有名な歌人・吉井勇は吉井友実の孫である。

伊地知正治《いじちまさはる》

（1828～1886）

文政11年（1828）、薩摩藩士・伊地知季平の次男として、鹿児島城下千石馬場町に生まれた。3才にして文字を読んで「千石の神童」といわれたが、幼児の時に大病を患ったため片目となり、片足も不自由になった。

しかし薬丸自顕流を、さらに合伝流兵学を学び、いずれも奥義を極めたというから、よほどの秀才だったのだろう。のち藩校の造士館の教授にもなる。

安政6年（1859）、精忠組に加入。翌年、島津久光の上洛に随行して京に上り、その功によって軍奉行に抜擢される。

ここからが類《たぐ》い希《まれ》な頭脳を持つ伊地知の本領発揮である。禁門の変、さらにその後の戊辰戦争で大きな功績をあげた。とくに会津戦争では、みごとな采配を振るった。

白河口の戦いでは、700の兵を率いて白河城による2500の旧幕府軍に圧勝。また、有名な母成《ぼなり》峠の戦いでは、土佐の板垣退助とともに旧幕府軍を撃破し、若松城落城に大きな貢献をする。少数精鋭、火力最優先という伊地知戦術の特徴が発揮されたのである。

維新後、藩政の改革に従事したあと、薩摩閥の代表として新政府に入る。征韓論争の時には、板垣とともに西郷の征韓側につくが、敗れると下野せずに政府内に残った。参議などを歴任したあと鹿児島に帰り、郷里の復興に尽力し、59歳で死去。

余談だが、伊地知氏は桓武《かんむ》天皇の血を引く名門で、薩摩藩士の中でも一目置かれていた。

桂《かつら》久《ひさ》武《たけ》（1830〜1877）

日置島津家当主・島津久風の五男。次兄は「お由羅騒動」で犠牲となった赤山靭負。天保元年（1830）生まれ。のち薩摩藩士・桂久徴の養子となる。

いくつかの要職を務めたが、斉彬一派だったため斉彬の死後、大島守衛方・銅鉱山方に左遷される。その頃、大島に流されていた西郷と親交を結び、兄の赤山とのこともあって西郷とは終生の友となる。

元治元年（1864）、大目付となり小松帯刀らとともに藩論を統一、翌年には家老に上り、薩長同盟の締結に尽力。つねに西郷らを擁護し、そのうしろ盾となった。維新後は、鹿児島藩権大参事として藩政のトップを務め、その後、都城県参事や豊岡県権参事を歴任、鹿児島に戻ると霧島山麓の開拓や鉱山の開発を指導したりした。

明治10年（1877）、西南戦争が勃発するや、もともと挙兵に最後まで反対の意見を持っていたが、結局は参戦。伝承によると、西郷ひとりを見送るに忍びず、家人に刀を取りに帰らせ、そのまま従軍した。自らの意にそぐわない参戦だったが、それほど西郷との友情が深いものだったということだろう。

また桂は弓の名手で、戦争中、下男に持たせていた弓と矢をとり出し、坂の下の政府軍めがけて射込むと、みごとに命中し、政府軍のひとりは坂下に転がり落ちたという。たぶん桂は、日本において戦争に弓を使った最後の武士ではないかと、郷土史家は言っている。

田中新兵衛《たなかしんべえ》（1832〜1863）

薩摩藩士で、肥後の河上彦《げん》斎《さい》、土佐の岡田以蔵、同じ薩摩の中村半次郎（桐野利秋）とともに「幕末の四大人斬り」といわれる。その刀は、薩州鍛冶奥和泉守忠重。丈二尺三寸、幅一寸一分、柄は鮫の黒塗り、鉄製柄で、表に「鎮守」、裏に「英」と刻まれていたという。

天保3年（1832）、薩摩前ノ浜の船頭の子として生まれた。城下の豪商で尊王攘夷の士でもあった森山新蔵が、自分の持舟の船頭だった新兵衛に、士分の株を買い与えたという。幼少期より示現流を学び、達人の域に達していたといわれる。

文久2年（1862）に上洛、海江田信義のもとに身を寄せた。安政の大獄で長野主膳に協力した島田左近が伏見にいるとの通報を受け、暗殺を計画。1カ月にわたってつけ回し、木屋町で見つけ、執拗に追いかけて斬首、さらし首にした。

以後、岡田以蔵らと組み、本間精一郎、渡辺金三郎、大河原重蔵などを次々と暗殺。「人斬り新兵衛」の名は京に鳴り響いた。翌年、姉小路公知が暗殺されるが、残された刀と薩摩下駄が新兵衛のものと断定され、捕縛される。尋問の際、新兵衛は一言も発せず、隙を見て脇差で割腹、返す刀でノドを突いて即死した。

昭和44年（1969）、五社英雄監督の映画『人斬り』では、作家の三島由紀夫が田中新兵衛を演じて話題となったが、このあと三島は、市ヶ谷の自衛隊で本当に割腹した。

川路利良《かわじとしよし》（1834～1879）

薩摩藩士で、欧米の近代警察制度を日本で初めて構築し、「日本警察の父」と呼ばれる。天保5年（1834）、薩摩藩与力の川路利愛の長男として、近在の比志島村に生まれた。

薩摩藩の家臣は上士、郷士などに分かれ、川路家は身分の低い準士分であった。長じて漢学を、そして真影流剣術を学ぶ。

元治元年（1864）の禁門の変では、長州の遊撃隊総督・木島又兵衛を狙撃して倒すという武勲をあげ、一躍名を知られた。慶応4年（1868）、鳥羽伏見の戦いには大隊長として参戦、上野戦争、会津戦争と転戦し、戦功を立てた。

維新のあと明治4年（1871）、西郷の招きで上京、邏卒総長に就任。司法省のヨーロッパ視察団の一員として各国の警察制度を視察。帰国後、政府にフランスを模範とする警察制度の改革を進言する。

そして明治7年、警視庁が創設されると40歳の若さで、初代の大警視（警視総監）に抜擢される。内務卿となった大久保の信頼が厚く、征韓論で敗れた西郷ら薩摩人の多くが下野するが、川路は「大義の前には私情を捨てる」と明言。一日の睡眠時間を4時間にして警察署、派出所を精力的にまわった。

西南戦争の田原坂の激戦では、警視庁の抜刀隊を率いて活躍。このため、薩摩人や不平士族からは大久保とともに増悪の対象とされた。

その2年後に死亡。毒殺との噂もあった。

村《むら》田《た》新《しん》八《ぱち》
（１８３６〜１８７７）

天保7年（１８３６）、鹿児島城下加治屋町で高橋八郎の三子として生まれ、村田十蔵の養子となる。初めの名は経麿、のち経満、新八は通称である。

少年の時から西郷隆盛に兄事し、尊王倒幕の志を抱いて奔走する。寺田屋騒動では有馬新七らを煽動したと久光から疑われ、西郷は徳之島（のち沖永良部島）、村田は喜界島へ流される。元治元年（１８６４）に赦免され鹿児島へ戻った。

それ以降も西郷に従って行動し、薩長同盟がなったあと、長州の木戸孝允、土佐の田中光顕らと親交を重ねた。

戊辰戦争では遊撃二番小隊の監軍となり、鳥羽伏見、淀、東海道と戦いを続け、西郷が東征大総督府下参謀となると、二番小隊長として活躍、さらに二本松戦、若松城包囲戦に参加、戦功を立てた。

明治4年（１８７１）、条約改正のため岩倉使節団が欧米視察に出発が決まると、西郷の推挙で村田もその一員となったが、3年後に帰国してみると西郷はすでに下野し、帰国したあとで、急ぎ村田も帰国する。「村田さえいてくれれば」と思っていた大久保は、この報を聞き茫然としたと伝えられる。

西南戦争が始まると西郷に従い転戦、ひざまづいて西郷の自決を見たのち自らも自決。享年42。西郷に心から愛され信頼され、会合があるたび西郷は「新八はいるか」と周囲に尋ねたという。勝海舟も「大久保に次ぐ傑物」と評している。

川村純義《かわむらすみよし》（1836～1904）

薩摩藩士・川村与十郎の長男として、天保7年（1836）に生まれる。川村家は御小姓組で最下級の藩士であった。西郷に弟のように可愛がられたという。のち海軍大将、伯爵。白洲正子の母方の祖父である。

安政2年（1855）、幕府が日本を列強から守るためには、海軍の育成が急務と考え新設した長崎海軍伝習所の一期生として入所。将来を嘱目されたからだろう。

西郷との縁もあって、藩に重用され、戊辰戦争では薩摩の四番隊長として各地を転戦、特に会津攻めには奮戦した。戦争が終わると藩の改革、門閥排斥の先頭に立って活躍している。

明治政府に登用されると海軍の育成に尽力、ナンバー2の海軍大輔となり中将に昇りつめ、陸軍の主要ポストを長州が握るなか、川村は海軍の実質的な指導者として腕を振るった。日本海軍の創始者といってもいい。

西南戦争では鹿児島に入り、県令の大山綱良と会い、戦争阻止に動いたが、不首尾に終わり、兄と慕う西郷と敵対することになる。

いざ開戦となると、山縣有朋とともに、総司令官として海軍を率い、海からの兵員や物資の輸送に活躍するが、心の内では一日も早い停戦を祈っていたに違いない。

戦後は参議、海軍卿に就任する一方、明治天皇の信任が厚く、皇孫である昭和天皇の養育も命じられるほどの徳望家であった。

樺山資紀《かばやますけのり》（1837～1922）

〝日本で一番早くジーンズをはいた男〟といわれる白洲次郎の妻でエッセイストの白洲正子の祖父といった方が分かりやすいかも知れない。

天保8年（1837）、鹿児島城下の加治屋町で、薩摩藩士・橋口与三次兼器の三男に生まれ、のち樺山四郎左衛門の養子となる。

薩英戦争、戊辰戦争に従軍のあと、明治4年（1871）に陸軍少佐に任官。翌年、台湾出兵に従軍。西南戦争では熊本鎮台司令長官の谷干城《かんじょう》の下、参謀長として熊本城を死守する。

その後、三代目の警視総監兼陸軍少将に昇進するが海軍に転じ、明治19年海軍次官となる。さらに2度にわたり海軍大臣を務めたあと、海軍軍令部長に就任、海軍大将に上りつめた。

さらに日本統治となった台湾の初代総督に就き、台北に総督府を開き、台湾の行政に手腕を振るった。台北市には樺山に因んだ樺山町があるという。

そして伯爵を授けられ、さらに枢密顧問官、内務大臣、文部大臣として明治政界に重きをなした。晩年に脳溢血で倒れ、1週間意識不明となる。高齢でもあったため、まわりが葬式の準備を始めたところ、樺山はむっくり身をおこし、「まだ生きてるぞ」と言ったという。

余談ながら樺山の東京永田町の自邸は、ジョサイア・コンドルの設計で、のち三菱銀行頭取・串田萬蔵の手に渡り、さらに吉田茂の持ち物となり、現在は参議員第二別館となっている。

篠原国幹《しのはらくにもと》
（1837〜1877）

天保7年（1837）、鹿児島城下の加治屋町で、篠原善兵衛の子として生まれた。少年時代に藩校・造士館で和漢の学を修め、江戸に出て練兵館で神道無念流を学んだ文武両道の秀才だった。

戊辰戦争では、薩摩藩三番小隊長として鳥羽伏見の戦いに参戦。その後、江戸に上って上野の彰義隊との戦いでは、陣頭に立って指揮。篠原の勇猛果敢ぶりは世に知れ渡った。

明治4年（1871）、西郷が5000名を率いて上京した際には、その一部を率いて篠原も従軍。政府はこの兵を天皇を守る御親兵（近衛兵）に組み入れ、武力をバックに廃藩置県を断行する。のち篠原は陸軍少将に昇進、近衛長官となる。

近衛長官の時、明治天皇が軍事演習を上覧になったが、篠原のみごとな指揮ぶりに感心し、「こんごは篠原を見習え」と、その演習地を「習志野《ならしの》」と名づけたというが、のちに作られた語呂合わせだろう。

明治6年の政変で西郷が下野し、鹿児島に帰ると、天皇が引きとめるのも聞かず、近衛長官の職を投げ打って、篠原も西郷のもとに帰った。「桐野らが去るも篠原がいてくれれば」と高く評価されていただけに、その帰国は衝撃的だったという。

西南戦争では六個小隊を率いて赤裏の外套をひるがえし、よく戦ったが、かえってそれが目印となり、かつての部下・江田少佐麾下《きか》の射撃兵の弾で崩れ落ちた。享年41だった。

西《さい》郷《ごう》従《つぐ》道《みち》

（1843～1902）

天保14年（1843）、鹿児島城下の加治屋町で、西郷吉兵衛の三男として生まれる。西郷隆盛の弟。本名は隆興、通称は信吾。兄の例と同じように、太政官に名を登録する際、「隆興」を口頭で〝リュウコウ〟と言ったところ、役人に〝ジュウドウ〟と聞きとられ、「従道」と記録された。本人は全く気にせず、そのまま従道を通したという。

剣術、兵学を学んだあと有村俊斎の推薦で、島津斉彬に出仕。斉彬を信奉する精忠組の一員となり、以降、尊王攘夷運動に身を投げる。寺田屋事件では、島津久光から叱責を受けるが、年少という理由で謹慎処分で済ませてもらった。鳥羽伏見では重傷を負いながらも奮戦、その後、各地を転戦した。

維新後の明治2年（1869）、山県有朋とともに渡欧し、各国の軍政を調査。帰国後、陸軍少将となる。

西南戦争では兄に加担せず、陸軍卿代行として政府の留守を守り、大久保利通の暗殺直後の明治11年、参議、陸軍卿となり、薩摩閥の重鎮となる。

西郷や大山巌と同じように、懐の深い人物だったといわれるが、海軍大臣時代には部下の山本権兵衛を抜擢し、大いに腕を振るわせ、その後の日清・日露の戦争を勝ち抜かせた。海軍拡張案のことで糾弾されると「実はわしもわからんのじゃ。部下の山本ちゅうものがよく分かっているから、そいつに聞いてくれ」と、あっけらかんとしていたというエピソードもある。

長州藩

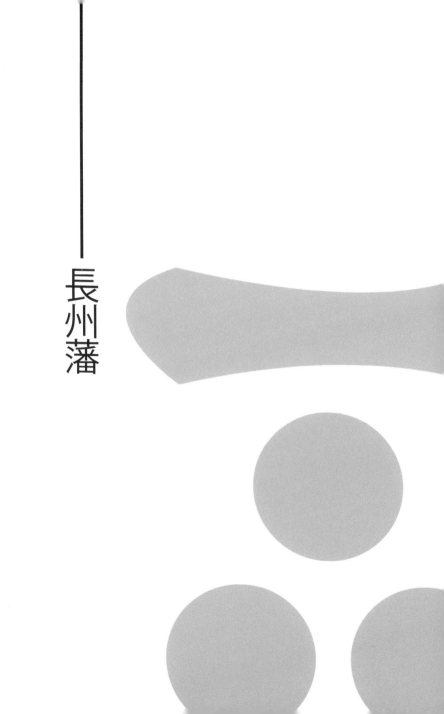

木《き》戸《ど》孝《たか》允《よし》（1833〜1877）

剣豪・桂小五郎

薩摩の西郷隆盛、大久保利通と「維新の三傑」にあげられる幕末長州藩の指導者である。木戸孝允よりも、小説や映画、テレビで大活躍する勤王の志士で剣の達人、桂小五郎として有名である。

名も和田小五郎、桂家に養子に入って桂小五郎、33歳以降は木戸貫治、木戸準一郎、木戸孝允と変わっていく。雅号は松菊。名は「たかよし」が正しいが、「こういん」と読まれるのが普通である。

天保4年（1833）、長門《ながと》国（いまの山口県）萩城下呉服町で藩医・和田昌景の長男として生まれる。和田家は藩祖・毛利元就の七男・天野元政の血を引く名門だった。

長男だったが、病弱で長生きしないと思われ、また母が後妻だったため、7歳で向かいの桂九郎兵衛孝古の養子となる。そして大組士という武士の身分と禄を得る。

10代になると藩主・毛利敬親の目にとまり、長州を担う若き俊英として注目を浴びる。さらに、16歳で吉田松陰の門に入り、山鹿流兵学を学び、師から「事をなすの才あり」と将来を嘱目される。

それ以前から柳生新陰流の道

場で剣術に精進し、剣でも実力を大いに認められた。

嘉永5年（1852）、剣術修業を名目に江戸留学を決意、藩に招かれた神道無念流の斎藤新太郎の江戸への帰途に随行、私費で江戸に出る。当時、江戸の三大道場のひとつ斉藤弥九郎の練兵館に入門、子息の新太郎の指南を受けるが、またたくうちに桂は頭角を現し、免許皆伝を得て、わずか1年で塾頭となった。

桂が得意とする上段に構えると、その気迫にまわりは圧倒されたという。九州大村藩の渡辺昇とともに「連兵館の双璧」とたたえられた。

実際、その頃の剣豪としての桂小五郎の名は天下に轟き、あの新選組局長の近藤勇をして、「恐ろしく手も足も出なかった」と言わしめたというが、後世に作られた伝説かも知れない。

ペリーの再来航の時には、師の斎藤に頼んで、幕府代官・江川英龍の付き人として実際のペリー艦隊を見聞する。

司馬遼太郎の『竜馬がゆく』では、この時、坂本竜馬も見学に行き、初めて桂と出会うことになっているが、多分これもフィクションに違いない。

しかし、この頃の桂の勉学熱はすさまじく、江川から西洋兵学をはじめ小銃術、砲台や反射炉築造術を学び、浦賀奉行支配組与力の中島三郎助から造船術まで学んでいる。

箱館戦争で中島は、2人の子息とともに壮絶な戦死を遂げるが、明治になってからも桂は中島の恩義を忘れず、遺族の面倒を見ている。

逃げの小五郎

文久2年（1862）、長州藩中枢で頭角を現し始めた桂は、周布政之助、久坂玄瑞らとともに師・吉田松陰のとなえる航海雄略論を採用、これによって長州の藩論は、開国攘夷に決定づけられる。

翌年、藩命により京に上った

桂や久坂は倒幕、新国家建設を目指すが、会津、薩摩を中心とする公武合体勢力が、長州を中心とする尊王攘夷派と三条実美らの急進派公卿を京都から追放する。八月十八日の政変である。

さらに、池田屋事件まで起こされた長州藩は、桂や周布、高杉晋作たちの反対にもかかわらず、兵を率いて来島又兵衛や久坂玄瑞が上洛。幕府、会津、さらに薩摩を相手に禁門の変を起こす。

そして長州軍は、禁裏（御所）にあと一歩まで迫るが、薩摩軍に横をつかれ、来島の死とともに総崩れとなり敗走。久坂も鷹司邸を本拠に、天皇に直訴しようとするがかなわず、自刃。幕府、薩摩軍の勝利となった。

池田屋事件の時も、間一髪で難を逃れた桂だったが、この時も芸者・幾松（のちの木戸夫人・松子）らの手を借りながら、燃えさかる鷹司邸を背に、ひとり獅子奮迅の活躍で逃げ切った。「逃げの小五郎」といわれるゆえんである。

そしてこの時から、桂は潜伏生活に入る。会津藩や新選組による長州藩士の残党狩りが盛んになると京都も危なくなって、桂は但馬《たじま》の出石《いずし》に潜伏したといわれる。

薩長同盟

朝敵となって敗走した長州藩に対し、幕府は第一次長州征伐を行う。ここで高杉らの正義派（改革派）は政権の座を降り、長州藩は三家老の切腹をはじめ、藩首脳に責任をとらせる形で事を収めた。

その折の幕府側との会談の場で、幕臣の永井尚志が手帳を取り出し「ここに書いてある桂小五郎と高杉晋作はどこにいるのか」と尋ねると、長州を代表して幕府との仲介役をした岩国藩主の吉川経幹は「死にました」と、とぼけた答えでごまかしたと伝えられる。

その後、長州藩では俗論派（保守派）が息を吹き返し、正義派の粛清が始まった。これに対抗して立ち上がったのが、高杉晋作だった。奇兵隊ほか諸隊を率いて、有名な功山寺挙兵というクーデターで、俗論派政権の息の根を止める。

　そして、桂が生きているという情報を得た高杉らによって、桂小五郎は長州藩の統率者として歓呼の中で迎えられる。

　この時の様子をのちに伊藤博文は、「大ひでりの中に雨の前ぶれである雲を望むごときであった」と語っている。

　慶応2年（1866）、坂本龍馬らの周旋により桂と西郷、小松らとの間で、薩長同盟が結ばれる。さらに、長州藩は龍馬の提案により、薩摩名義でイギリスから多くの武器や軍艦を買い入れる事ができた。

　長州藩のこの動きを察した幕府は、会津藩を中心とする第二次長州征伐を強行するが、近代的な軍制改革による長州軍の士気は高く、幕府軍の敵ではなかった。

　ちなみに「木戸」の姓は、この第二次征伐直前に藩主・毛利敬親から賜ったものである。そして、時代は大政奉還、王政復古、新政府樹立、戊辰戦争へと大きく動いていく。

新政府での活躍

明治新政府にあって、木戸は右大臣の岩倉具視からも見識の高さを買われ、総裁局顧問専任となり、政治全般の実質的な最終決定責任者となる。

　そして、太政官制の発足に伴い、参与、参議、文部卿と、政府の中核を歩いていく。

　さらに五箇条の御誓文、廃藩置県、教育の充実、憲法制定など、次々と建設的な提言を行い、木戸は新政府の御意見番的な存在となっていく。

　とくに軍人の閣僚への登用禁止、つまりいまで言うシビリアンコントロールなどの建言をその当時すでに行っているから驚く。

　木戸の知識欲はさらに旺盛と

なり、明治4年（1871）、岩倉具視を団長とする訪欧使節団が結成されると、木戸は全権副使として参加。欧米の進んだ文化だけでなく、政治体制も視察し、これが、これからの日本の進むべき道はどこにあるのか、木戸に考えさせる大きなきっかけになった。

しかし、帰国してみると西郷らの主張する征韓論、大隈重信や西郷従道らの望む台湾出兵などで政府内は困乱していた。

欧米を見てきた木戸は、彼我の文化の差から考えても内治優先の必要性を痛切に感じ、西郷らには一貫して反対の姿勢をとった。

何よりもいまやらなければならないのは、憲法の制定、二院制議会の設置、国民教育の充実と強く訴えた。台湾出兵が決定された明治7年には、これに抗議して参議を辞職するという骨の太さも見せている。

その死

木戸の心配をよそに明治10年、ついに薩摩人たちが西郷をかついで西南戦争が勃発。旧態依然の鹿児島県を批判していた木戸は、すぐに西郷説得の任につきたいと希望。しかし伊藤博文に反対され断念する。この頃から木戸の持病である脳発作が悪化、政府を取り仕切れなくなってきた。

明治天皇の見舞いも受けるが、京都の別邸で意識もうろうの中、木戸は大久保の手を握りしめ、「西郷、いいかげんにせんか」との言葉を残してこの世を去った。45歳の惜しまれる人生だった。

のち、徳富蘇峰は「公は三傑の中で最も見識家であった。目先の見える事、なん人も公に及ぶ者はなかった。むしろ見え過ぎた」と評している。

木戸には実子がなく、妹の子である養子・孝正の長男で内大臣を務めた木戸幸一が残した「木戸幸一日記」は昭和史の一級の資料である。

久《く》坂《さか》玄《げん》瑞《ずい》
（1840～1864）

松下村塾の双璧

高杉晋作とともに「松下村塾の双璧」といわれた俊英である。早くからその名は他藩にも知られ、多くの他藩の志士たちと交流を重ね、藩を越えた尊王攘夷運動の中心人物となっていた。

天保11年（1840）、長門国萩の平安古《ひやこ》本町に藩医・久坂良迪の三男として生まれた。幼名・秀三郎。通称は義助。

14歳の夏に母を亡くし、翌年には兄も病没、さらにその数日後に父も亡くなり、15歳で秀三郎少年は家族全てを失う。

こうして秀三郎は藩医・久坂家の当主となり、医者として頭を剃り、名を玄瑞と改め、藩の医学所で学ぶ。成績はとび抜けていたという。

安政3年（1856）、九州に遊学、詩作の才のあった久坂は、名勝地をめぐり詩作にふけって、のちこれを『西遊稿』としてまとめている。

その際、熊本に宮部鼎蔵《ていぞう》を訪ねた折、吉田松陰に学ぶことを強く勧められた。萩に戻ってから松陰に手紙を書くが、このやりとりが、なかなか面白い。

松陰との手紙

まず、玄瑞の最初の松陰あての手紙は、「弘安の役（元寇）の如く外国の使者は斬るべき。

そうすれば必ず米国は来襲する。その時こそこの国の武士たちが目覚めるときであり、国防にも力を入れるだろう」とあった。それに対して松陰は、「あなたの議論はうわついて、思慮も浅い。至誠より発する言葉ではない。つまらぬ迷言を弄するより、至誠を積むべき」と書く。これも松陰に考えのあったことで、玄瑞を紹介した土屋蕭海《しょうかい》に、「久坂の士気は平凡ではない。なんとか大成させようと思い、反論した」と書き送っている。

　案の定、久坂は猛烈に反駁してきた。「英米が強いのは昔の朝鮮の如きではない。大砲、鉄砲には日本は太刀打ちできない。だから座して国が亡びるのを待つだけでいいのか。まず国の守りを固めるべきだ。宮部氏があなたを称賛したのも、私があなたを豪傑と思ったのも誤りであった」と書く。

　松陰は1ヵ月の間をおいて返事を送った。「すでに幕府は諸外国と条約を結んでしまった。我が国から断交すべきではない。外国と平穏な関係を続けながら、国力を蓄え、アジアの各国と手を携え列強に対峙すればいい。一医学生であるあなたは空論を弄び、天下の大計を言う。ひとつとしてあなたの実践に基づくものはない。くり返すがすべて空論である」と書く。

　これに対して玄瑞は3度目の反論をする。「現状を保つのに汲々として、武器はいつ備えるのか。士気はいつ高まるのか。誰がやるのか」と食いさがる。

　そして松陰の3度目の返信は、いままでとガラリと変わる。「あなたが外国の使いを斬ろうとするのは空論と言った私が間違っていた。今から斬るように務めてほしい。私の才略はあなたにはとうてい及ばない。私もかつてやろうと思ったが、やめてしまった。私のようにならないため、断固としてやってほしい」と書いた。

　松陰が玄瑞に実践を求めたの

だが、玄瑞には米国の使いを斬る手だてはなにもなかった。そんないきさつがあって、翌安政４年、玄瑞は正式に松陰の門下に入った。

藩論の統一

さらに松陰は玄瑞の才を愛し、自分の妹・文《ふみ》を嫁がせる。ご存知のように、文は２０１５年のＮＨＫ大河ドラマ『花燃ゆ』のヒロインである。

安政６年（１８５９）、敬愛する師・吉田松陰が刑死。久坂は号泣し、師の遺志を継ぎ、ますます尊王攘夷運動に身を投じて行く。高杉らと品川の英国公使館焼き討ちを実行するなど、過激な活動をくり返し、土佐の武市瑞山や肥後の宮部鼎蔵などと組んで、倒幕に向けた手を次々と打って行く。

当時、長州は長井雅楽《うた》の公武合体論に傾きつつあったが、久坂はこれに反発。長井に何回も議論を挑み、藩主への具申をするが、藩論は覆ることはなく、公武合体の象徴として、皇女・和宮の将軍降嫁が実現した。

しかし、桂小五郎らが攘夷をもって倒幕という考えを藩主に力説。ついに長井の失脚に成功する。

ついで文久２年（１８６２）、久坂も建白書を藩主に上提、これが受け入れられ、長州の藩論は完全に尊王攘夷となった。

久坂は、「列強の武力に屈する形の開国ではなく対等な立場で条約を結ぶ」という意見で、これは師・松陰の開国的攘夷論を踏まえたものである。

これによって、政権を幕府から朝廷に返すという長州の倒幕の政策が、一層鮮明となった。

禁門の変

しかし、文久３年の八月十八日の政変により、長州勢は京都から駆逐され、さらに池田屋事件で、長州は多くの志士を失ったことで藩論は沸騰し、国司信濃らの３家老が、諸隊を率いて京に進軍という事態となる。

当初、この暴挙に桂と久坂は反対。しかし来島又兵衛らの意見が通り、京への進撃が決定。来島から「医者坊主に戦のなにがわかる」と一喝され、不本意ながらも久坂もこれに従う。元治元年（1864）の禁門の変である。

諸藩も増援の兵を次々と京に送り込み、その数は2万とも3万ともいわれたが、長州勢は2000に満たなかった。

禁門（蛤《はまぐり》御門）を攻めた来島軍は会津隊と交戦するが、西郷率いる薩摩軍が加わると指揮官の来島が狙害され負傷する。長州軍は総崩れとなり、来島はこれまでと自刃。

遅れて到着した久坂は、来島の戦死を知ると、鷹司輔熙に朝廷への嘆願を要請するため、鷹司邸に近い堺町御門を攻めた。裏門から邸内に入った久坂は、鷹司に朝廷への参内に同伴し、嘆願させて欲しいと頼むが、鷹司はこれを拒否。振り切って邸から脱出してしまう。そして鷹司邸の炎上を見た久坂は、これまでと覚悟を決め、寺島忠三郎とともに鷹司邸内で互いに差し違えて自害。享年25という若さだった。またたくうちに邸は焼き尽くされたため、久坂の遺体は確認されていない。

維新後、木戸孝允は「亡友久坂玄瑞は、幼少より学を好み、剛勇な気性際立って優れ、いかなる場合も俗見に随わず、慨然として天下の志を有していた」と述べ、この木戸に対して西郷隆盛は「お国の久坂先生がいまも生きておられたら、お互いに参議などと云って威張ってはいられませんがなあ」と語っている。

最後に師・松陰の、久坂に送った言葉を書いておく。

久坂玄瑞は防長における年少第一流の人物で、無論また天下の英才である。

――安政4年12月5日（文妹の久坂氏へ嫁ぐに贈る言）

伊《い》藤《とう》博《ひろ》文《ぶみ》（1841〜1909）

長州ファイブ

明治11年（1878）、大久保利通が暗殺され、「維新の三傑」が全て世を去ったあと、残された長州の志士の中で、初代内閣総理大臣、公爵と、山縣有朋とともに最高の栄達を遂げるのが伊藤博文である。

天保12年（1841）周防《すおう》国（いまの山口県）束荷村の百姓・林十蔵の長男として生まれる。

8歳の時、萩に移住。12歳頃、貧しかった父が長州藩の蔵元付中間・水井武兵衛の養子となり、さらに武兵衛が足軽・伊藤弥右衛門の養子となって伊藤直右衛門と改名したため、十蔵・博文の父子も足軽となった。幼名は利助、のち俊輔。博文は「はくぶん」と呼ばれることが多い。

安政4年（1857）、江戸湾警備のため相模《さがみ》（いまの神奈川県）に派遣され、そこで出会った上司の米原良蔵の紹介で、松下村塾に入門する。

伊藤は身分が低いため中に入れず、家の外で講義を立ち聞きしていたというが、松陰から「才劣り、学幼し。しかし性格は素直で華美になびかず、僕すこぶるこれを愛す」といわれ、さらに「俊輔、周旋（政治活動）の才あり」と、のちの活躍を予言するような評ももらっている。

松陰が安政の大獄で斬首され

た際、高杉の附き人として江戸にいた伊藤は、師の遺体を引き取る役もやっている。このあと、伊藤は桂をはじめ、高杉、久坂、井上馨らと藩の長井雅楽暗殺を画策したり、イギリス公使館を焼き討ちしたり、一気に尊王攘夷運動に走ることとなる。

　さらに文久3年（1863）、伊藤は井上の提案でイギリス留学を決意、井上や遠藤謹助、山尾庸三、井上勝らとともに渡航する。のち映画にもなった「長州ファイブ」といわれる面々である。

　そこで伊藤が目にしたのは、圧倒的な国力の差であった。伊藤の関心は、開国、日本の近代化に向けられる。そんな時、長州藩と4カ国連合艦隊との下関戦争が勃発、伊藤らは急ぎ帰国せざるを得なくなった。帰国後、伊藤は通訳として高杉に従い、和平交渉にあたり、周旋の能力を発揮する。

　第一次長州征伐で長州藩が幕府に恭順の姿勢を示すと、これに反発した高杉晋作が下関の功山寺で挙兵。伊藤は一番に駆けつける。これが生涯、伊藤の自慢のひとつとなった。

明治政府の指導者

　明治維新後は名も博文と改め、長州閥の有力者として、さらに英語がイギリス仕込みということもあって、外国事務局判事、大蔵兼民部少輔、工部卿、宮内卿など政府の要職を歴任する。これにはつねに木戸のうしろ盾があった。

　明治3年（1870）には、芳川顕正らと渡米、銀行業務について学び、帰国後、日本最初の貨幣法である新貨条例が制定された。

　さらに翌4年には岩倉使節団の副使として渡米、6年にはヨーロッパに渡り、ベルリンで鉄血宰相ビスマルクと会見。大いに学ぶところがあった。

　明治6年、帰国後の征韓論争では、内治優先の大久保らに与《くみ》し、これが大久保の信頼を得ることとなる。

明治10年に西南戦争で西郷が死に、翌11年大久保が暗殺されると、伊藤は大久保からの内務卿を継承し、三傑亡きあとの明治政府の指導者となり、従横に腕を振るうことになった。

明治15年、明治天皇から憲法制の調査のため渡欧を命じられ、河島醇、平田東助、西園寺公望、伊東巳代治らを随員として出発。ベルリン大学の教授らから、当時、ヨーロッパ随一の強国プロイセンの憲法の講義を受ける。さらにウィーン大学の教授ローレンツ・フォン・シュタインに師事し、法学や行政学を学ぶ。

これによって帰国後、内閣制度や大日本帝国憲法の制定に、伊藤は中心的役割を果たすことになる。

初代内閣総理大臣

明治18年の内閣制度移行に際し、誰が初代総理になるかが話題となった。衆目の一致するところは、太政大臣として形だけながら政府のトップである三条実美と、大久保の後継者として事実上政府を動かしている伊藤のどちらかであった。

総理を決める宮中の会議では、ふたりに遠慮して誰もが口をつぐんでいる中、伊藤の盟友である井上馨が、伊藤の語学をふまえて「これからの総理は国外電報が読めなくては」と口火を切ると、すかさず山縣有朋が「それなら伊藤君しかいないじゃないか」と賛成。三条を担《かつ》ぐ保守的な参議は返す言葉もなかったという。

わずか44歳の総理大臣の記録は、いまでも破られていない。それ以降、伊藤は4度にわたり内閣総理大臣を務めることになる。

一方、伊藤は憲法発布のための下準備にも着手、伊東巳代治、井上毅《こわし》、金子堅太郎らとともに草案の検討を開始する。

そして明治22年、伊藤のあとを継いだ黒田清隆内閣のもと、大日本帝国憲法が発布された。

伊藤は憲法に関する演説で、立憲政治の重要性、国民を政治に参加させることの大切さを幾度となく力説した。

明治27年、伊藤が2度目の総理の時、朝鮮の東学党の乱をきっかけに日清戦争が起こる。

翌28年、講和となり、伊藤は陸奥宗光とともに全権大使として、李鴻章との間で下関条約を調印。しかし遼東半島の割譲の問題で、ドイツなどによる三国干渉を引き起こし、伊藤は辞任する。

日清戦争のあと、南下政策をとるロシアの脅威におびえる日本は、戦争の準備を始めるが、伊藤はロシアとの融和策をとり、ロシアとの不戦を主張。さらに単身ロシアに渡って、満韓交換論を提案するが、ロシア側から拒否される。

そして明治37年、伊藤の努力もむなしく日露戦争が勃発。伊藤は金子堅太郎をアメリカに派遣し、ルーズベルト大統領に早期講和の斡旋を依頼している。これが翌38年のポーツマス条約に結びつくことになる。

暗殺

また同年、第二次日韓協約により、韓国統監府が設置されると、伊藤は初代統監に就く。

伊藤は韓国民のためにも自治力が高まることを期待し、文盲率が94%にも上がった韓国民の教育に力を注いだが、国内の動きは韓国併合に進み、ついに明治42年、政府は韓国の併合を決定する。伊藤は統監として韓国民の恨みを買うことになった。それが韓国の民族運動家・安重根《あんじゅうこん》の伊藤暗殺につながる。

ロシア蔵相と非公式で満州・朝鮮問題で話し合うため訪れたハルピン駅で射殺された。享年69。この時、伊藤は「3発あたった。相手は誰だ」と叫んだといわれる。絶命までの30分間に側近と話を交わしたが、犯人が朝鮮人と分かると「馬鹿な奴だ」とつぶやいたという。

大村益次郎《おおむらますじろう》

（1824～1869）

長州藩を指揮し、戊辰戦争を勝利に導いた立役者。日本陸軍の創始者といっていい。旧名は村田蔵六。昭和52年（1977）、中村梅之助主演のNHK大河ドラマ『花神』の主人公である。その風貌から「長州の火吹きダルマ」と呼ばれた。

文政7年（1824）周防国鋳銭司《すぜんじ》村字大村に村医・村田孝益の長男として生まれた。防府でシーボルトの弟子の梅田幽斎に医学、蘭学を学び、さらに豊《ぶん》後《ご》日田で広瀬淡窓に学んだあと大阪に出て、緒方洪庵の適塾で学んだ。

適塾はのちに福沢諭吉なども学んだ、当時日本最高の学問所である。村田蔵六（大村）はここで頭角を現わし、塾頭にまで進むが、4年後、父に請われて帰郷、村医となる。

嘉永6年（1853）、ペリー率いる黒船が来航すると、がぜん蘭学の知識が求められる時代となり、村田は宇和島藩主・伊達宗城に招かれて、西洋兵学の講義と翻訳を手がけ、また樺崎砲台を築く。

さらに翌年、長崎へ出て軍艦製造の知識を学ぶ。長崎へはシーボルトの門人・二宮敬作が同行し、シーボルトの娘で、日本最初の産婦人科医といわれる楠本イネを紹介される。

イネはその後、村田のよき

パートナーとなり、村田の最期を看取ったのもこの楠本イネだった。

安政3年（1856）、伊達宗城に従って江戸に出る。そして宇和島藩士の身分のまま幕府講武所の教授となり、新しい兵学の講義を行う。

その内容のすばらしさは江戸で評判となり、桂小五郎に請われて、江戸在住のまま、生まれ故郷である長州の藩士となり、自ら主宰する塾も長州藩中屋敷に移した。

さらに、ヘボンのもとで英語や数学を学び、村田の旺盛な知識欲は、とどまる所を知らなかった。

文久3年（1863）、萩へ帰り、藩校・明倫館の教授となり、西洋兵学を教える。その教え方は無駄がなく的確であったという。

そして、藩内に沸騰する攘夷の動きに合わせるかのように、軍事改革に邁進した。

長州では第一次長州征伐の結果、幕府への恭順派がいったん政権を握るが、慶応元年（1865）、高杉晋作の下関での挙兵により、藩論は倒幕へと大きく回転する。

高杉から軍政改革を委ねられた村田は、桂の推挙により馬廻役譜代100石取りの上士となり、藩命により大村益次郎と改名、長州藩の中枢として大車輪の活躍を始める。ちなみに「大村」は故郷の字《あざ》から、「益次郎」は父親の「考益」の1字をそれぞれとっている。

慶応2年（1866）、幕府が第二次長州征伐を開始すると、長州では桂小五郎が藩の指導権を握り、大村をはじめ、高杉、伊藤、井上らとともに、倒幕により日本の近代化を図るため、幕府との全面対決への体制を固めてゆく。

同年6月、戦闘が開始されると、大村は石州口の指揮を任されるが、最新の兵器と巧妙な用兵に加え、無駄のない攻撃を展開し、幕府軍をことごとく撃破、大村の軍事才能は遺憾なく発揮された。

戊辰戦争では、有栖川宮東征大総督府補佐として江戸下向を命じられると、海路で江戸に到着、軍務官判事、江戸府判事となる。

その頃、江戸では、天野八郎ら旧幕府残党による彰義隊３０００名が上野寛永寺に立てこもったが、勝海舟らはこれを抑えきれず、江戸中心部は半ば無法地帯と化してた。

その混乱の収拾を勝から任された大村は、大総督府の組織の再編成、兵器の調達など、やれるだけの手を尽くしたあと、わずか１日でこれを鎮圧する。

この戦闘での勝利が、それまでほとんど無名だった大村益次郎の名を広く世間に知らしめることとなった。

明治２年（１８６９）、箱館五稜郭での榎本軍の降伏で、戊辰政争は終結。大村はその功により木戸、大久保と並び新政府の幹部となり、軍務官副知事に就任。軍政改革の中心を担うこととなった大村は、廃刀令の実施、徴兵令の制定、鎮台の設置、兵学校の設置による職業軍人の育成など、次々と近代化の青写真を描いて行くが、これらをきらう長州藩の浪士たちに襲われて重傷を負う。

大村襲撃の理由が、兵制を中心とした急進的な変革に対する強い反感にあったことが、犯人たちの持っていた「斬奸状」に示されていた。そして、この時の傷がもとで２ヵ月後に死亡する。

臨終の際に「西から敵が来るから、大砲をたくさんこしらえろ。その計画はしてあるが、人には知らすな」と西南戦争を予言したという。

いかにも戦術家・大村らしい死に方である。

大村は西郷を全く評価していなかったひとりであり、西郷を建武の新政後に反旗をひるがえした足利尊氏に見立てていたという。

高杉晋作《たかすぎしんさく》

（１８３９〜１８６７）

幕末に長州藩の尊王攘夷の志士として活躍、奇兵隊を創設し、長州藩を倒幕へと導いた。

同じ長州藩の後輩、伊藤博文は「動けば雷電の如く、発すれば風雨の如し。衆目駭然、あえて正視するものなし」と評している。名は春風《はるかぜ》。号は東行《とうぎょう》。

天保10年（１８３９）、萩城下の菊屋横丁に、藩士・高杉小忠太の長男として生まれる。軽輩の子が多かった志士の中で、高杉家は大組２００石のれっきとした藩士だった。長じて藩校・明倫館に学び、剣術でも柳生新陰流の免許皆伝を許されている。

安政４年（１８５７）、吉田松陰主宰の松下村塾に入り、久坂玄瑞、吉田稔麿、入江九一とともに、松下村塾四天王と呼ばれた。翌年、藩命により江戸へ留学。全国から各藩の秀才が集まる昌平坂学問所で学ぶ。

さらに翌年、安政の大獄で捕えられた師・松陰を伝馬町の獄に訪ね、その世話をするが、高杉が藩に命じられて萩に戻る途中、松陰は処刑されてしまう。高杉らによって、現在の松陰神社に松陰が改葬されるのは、その４年後のことである。

文久２年（１８６２）、高杉は藩命により薩摩の五代友厚らとともに、幕府使節の随行員として中国の上海に渡航。清《しん》が欧米の植民地となっていく実情を自分の眼で確かめ、長州の、そして日本の近代化を急がねばと痛感する。

文久３年、長州藩はなかなか攘夷をやらない幕府にかわって、関門海峡で外国船砲撃を行うが、逆にアメリカ、フランス軍の報復に会い惨敗する。

この時、下関防衛を任せられた高杉は、阿弥陀寺を本拠として奇兵隊を結成。従来の正規兵ではなく、百姓や商人など身分によらない志願兵からなる軍隊である。

しかし、八月十八日の政変、禁門の変で、敗れた長州藩は朝敵となる。文久4年には、イギリス、フランス、アメリカ、オランダの4ヵ国連合艦隊が下関を砲撃。弱冠24歳の高杉が和議交渉を任される。欧米を代表するイギリスの提督相手に、長州藩の家老代理・宍戸刑馬と名乗った高杉は、伊藤博文、井上馨などを従者として堂々交渉に臨み、実際には幕府に払わせるつもりの３００万ドルの賠償金と下関開港は了承するが、彦島の租借だけは譲らないという、みごとな条件で決着させた。

その後、長州藩では幕府に恭順止むなしという俗論派が台頭するが、高杉は元治元年（１８６５）、長州藩諸隊を率いて下関の功山寺で挙兵、のちに奇兵隊なども加わり、俗論派の首魁・椋梨《むくなし》藤太らを排斥して藩の実権を握る。

そして第二次長州征伐では、海軍総督として戦闘の指揮をとった。周防大島沖で幕府艦隊を夜襲してこれを撃破、坂本龍馬の援軍もあって、幕府軍を圧倒、長州藩の勝利となった。

これによって幕府の権威は大きく失墜し、大政奉還へとつながっていく。しかし、当時不治の病といわれた肺結核が高杉の身体をむしばんでいた。慶応3年（１８６７）、希代の快男児はこの世から消えた。享年わずか29。臨終には父母と妻子、それに山縣有朋と野村望東尼が立ち会ったといわれる。

辞世の句は「おもしろきこともなき世をおもしろく」で、これに野村望東尼が「すみなすものは心なりけり」とつづけたというが、定かではない。

井上《いのうえ》馨《かおる》

（1836～1915）

高杉晋作、伊藤博文などとともに活躍した長州藩の志士のひとり。特に伊藤とは盟友であった。先祖は、毛利元就の家老だった井上就在で、そのルーツは河内源氏といわれる。身分の低い出身が多かった幕末の長州藩士の中では名門の出である。通称は聞多《ぶんた》。

天保6年（1836）、長州藩士・井上光亨の次男として、周防国湯田村で生まれた。長じて藩校・明倫館で学ぶ。

安政2年（1855）、藩主・毛利敬親の参勤に従い江戸に下向、韮山代官の江川英龍や、剣豪の斎藤弥九郎に師事して、蘭学や剣術に精を出した。

文久3年（1863）、洋行を藩に嘆願、長州ファイブのひとりとして密航するが、下関戦争のため急遽帰国。高杉晋作の従者として伊藤とともに、和平交渉に尽力した。

第一次長州征伐では、幕府に恭順を主張したため、俗論党に襲われ、瀕死の重傷を負う。愛人の芸妓からもらった鏡が懐にあったため、急所をはずされ、一命を取りとめた。

薩長同盟締結のあとの第二次長州征伐では、石州口で奮戦、休戦協定の際には広沢真臣とともに、幕府側の勝海舟と初めて会談している。

慶応3年（1867）、参与兼外国事務掛に任じられ九州鎮撫総督・澤宣嘉の参謀となり、長崎へ赴任、そのあと長崎府判事、そして長崎製鉄所御用掛となり、銃の製造や鉄橋建設事業に従事。このあたりから実業家・

井上馨の片鱗が垣間見える。

新政府成立後は、木戸の引き立てで大蔵省に入り、伊藤とともに財政に力を入れる。その後、政府の中で経済の才能を持った者は、井上がその筆頭だったため、大蔵大輔に進み、岩倉使節団で大久保や木戸、伊藤が留守となると、井上は事実上大蔵省の長官として権勢を振るった。

明治6年（1873）には、予算問題や汚職を江藤新平らに追求されて辞職。そのため、このあとの征韓論をめぐる政争には無関係でいられた。

政界から一時身を引いた井上は、欧米経済を学ぶため、明治9年、妻子をつれてアメリカに渡り、イギリス、ドイツ、フランスなどを視察。その間に、西南戦争や木戸の死、大久保の暗殺などがあって、日本の政情が不安になっているとの報を伊藤から受けると、2年後に帰国。大久保の暗殺後に伊藤が政権の首班となると、盟友の井上にも再び出番が回ってきた。

明治18年、伊藤が内閣総理大臣となると、井上も初代の外務大臣に就任、条約改正に専念する。その後の内閣でも井上は、農商務大臣、内務大臣、大蔵大臣など重要閣僚を歴任、政界に大きな足跡を残した。

一方、日本の実業界の発展にも力を尽くし、紡績業、鉄道事業などを立ち上げ、特に三井財閥とは最高顧問になるほどの密接な関係を持った。

西郷隆盛などは、岩倉使節団出発の際の送別会で「三井の番頭さん」と井上のことを皮肉っている。実際、三井や長州関連の政商と関わりがあって、私腹を肥やしているとの噂も、あながちウソではなく、清濁あわせ飲むの器量の大きさが井上にはあったのだろう。

三井財閥、藤田組などと組んで、第一国立銀行設立、三井物産創業、三池炭鉱の開始、台湾銀行・台湾製糖の設立など、井上の日本の近代化に尽くした業績は大きい。

山縣有朋《やまがたありとも》（1838〜1922）

長州藩士で、伊藤博文と並び、明治政府で低い出自から位人臣を極めた代表的人物である。

内務大臣、内閣総理大臣、司法大臣、枢密院議長、陸軍参謀総長などを歴任。日本陸軍の基礎を築いて「国軍の父」、「日本軍閥の祖」、さらに「元老中の元老」といわれ、死ぬまで隠然たる影響力を保った。元帥・陸軍大将、公爵。

天保9年（1838）、萩城下近くの川島村に、長州藩中《ちゅう》間《げん》・山縣三郎有稔の長男として生まれる。通称は狂介。維新後、有朋と称した。

安政5年（1858）、長州藩が京都に諜報活動員として派遣した6人のうちのひとりで、伊藤俊輔（博文）らと上京し、当時、尊王攘夷運動の中心だった久坂玄瑞の影響を受け、久坂の紹介で吉田松陰の松下村塾に入塾。在塾期間は極めて短かったが、山縣は松陰から大きな影響を受けたと終生語り、松陰先生の門下生といい続けたといわれる。

文久3年（1863）、高杉晋作が奇兵隊を創設するとただちに参加、すぐに頭角を現わす。のち4代目の総督に就任。長州征伐では高杉とともに幕府相手に活躍、戊辰戦争では北陸道鎮撫総督、さらに会津征討総督のそれぞれ参謀を務めた。

明治2年（1869）に渡欧し、各国の軍事制度を視察し、暗殺された大村益次郎の実質的な後継者として軍制改革を断行、徴兵制を施行し、「陸軍に山縣あり」と知られるようになった。10年の西南戦争では、政府軍の事実上の総指揮をとり、戦争は薩摩閥と長州閥の対決となったが、最後の城山の戦いでは、西郷へ自決を勧める書を送っている。

　明治21年、ヨーロッパに渡り、諸制度を視察、翌年には陸軍軍人としては初めての内閣総理大臣に就任。以降、「権力の権化」などと批判されながらも、前述の要職を歴任し、陸軍、政府のトップに君臨した。

　大正11年（１９２２）、肺炎のため小田原の別邸で死去。83歳であった。このように大きな実績を残した山縣だが、国民にはなぜか不人気だったという。山縣の葬儀は「国葬」としてとり行われたが、閑散としたものだった。その1ヵ月前の「国民葬」だった大隈重信の葬儀には、その死を惜しんで、多数の人々が参列したのとは対照的だったと、当時の新聞は伝えている。

　政敵だった大隈とは仲が悪く、別邸の椿山荘から、いつもその下の早稲田たんぼの中に建設されて行く早稲田大学をながめては、かんしゃくを起こしていたという、笑えない話もある。実際、山縣の残したものの中に「余の大嫌いなものは、早稲田大学と社会主義」という記述もあるから、まんざらウソではないかも知れない。

　また、徹底したリアリストの反面、なかなかの風流人で、和歌を詠み、漢詩、書、茶を好んだ。とくに特筆すべきはその造園好きで、東京の椿山荘をはじめ、小田原の古稀庵、京都の無鄰菴など、山縣が別荘と残したものは、現在でも名園として知られている。造園はすべて名匠といわれた植治こと七代目小川治平である。京都の無鄰菴の二階は、日露開戦直前に、山縣と伊藤博文、桂太郎、小村寿太郎との無鄰菴会議の舞台となった。

　日清戦争では元首相でありながら第一線に立った。日本史上で、軍人として前戦に立った首相経験者は山縣だけである。

吉田《よしだ》松陰《しょういん》（1830～1859）

明治維新を成しとげた長州藩士たちの精神的指導者。私塾「松下村塾」で、のちの維新で活躍する多くの若者たちに、思想的影響を与えた。通称寅次郎。

文政13年（1830）、長州萩城下の松本村で、藩士・杉百合之助の次男として生まれた。

天保5年（1834）、叔父である吉田大助の養子となる。叔父の死のあと、同じく叔父の玉木文之進の松下村塾で教えを受けた。11歳で、藩主の御前講義がみごとだったことでその才が認められた。

アヘン戦争で清が西洋列強の前に屈すると、松陰は西洋兵学を学ぶため、江戸に出て、佐久間象山、安積艮斉《あさかごんさい》に師事。嘉永6年（1853）、ペリーが浦賀に来航すると、佐久間と黒船を遠望、西洋の文明に心を奪われる。そして留学を決意、翌年の日米和親条約締結のための再来航の際に弟子の金子重之輔とともに旗艦ポーハタン号に漕ぎ寄せるが、渡航は拒否される。

安政4年（1857）、叔父から松下村塾を引きつぎ、高杉晋作、久坂玄瑞、伊藤博文、山県有朋、吉田稔麿、入江九一、前原一誠、品川弥二郎らがここから巣立って行った。翌々年、安政の大獄に連座し、江戸に送られ、老中・間部詮勝暗殺の容疑で斬首される。享年30。

松陰の教えは多くの弟子たちによって、明治維新という形で大きく花ひらくこととなった。「身はたとひ武蔵の野辺に朽ちぬとも　留め置かまし大和魂」。松陰の辞世である。

毛利敬親《もうりたかちか》（1819～1871）

幕末から明治にかけての長州藩13代藩主。有能な家臣を登用して自由に活動させ、長州を薩摩と並ぶ雄藩に育てあげ、明治維新を成しとげる原動力とした殿様である。

何を相談されても「そうせい」と、藩士の言うままに任せたため「そうせい侯」とあだ名された。

長州藩には、藩主の毛利輝元が関ヵ原の戦いで西軍の名目上のトップを務めたため、中国地方のほとんどを領有していたのを、敗戦後、徳川によって防長2州に押し込められた屈辱からいつか徳川を倒すという執念があった。

年頭、藩の重役会議で必ず「殿、今年こそ」と問われると藩主は「まだまだ」と答えたという。それが敬親の代で現実のものとなったのだ。歴代藩主はあの世でどう思ったことか。

毛利敬親は、文政2年（1819）生まれ。18歳の時、藩主の座に就く。翌々年に村田清風を登用して藩政改革を断行。さらに周布政之助らを登用し、藩論として「尊王攘夷」の意見を幕府に提出するが、禁門の変により長州征伐を受けたり、受難の時が続く。

しかし高杉や木戸の活躍により、長州は薩摩とともに倒幕のリーダーとなり、慶応3年（1867）、討幕の密勅を受けると官軍を組織して上洛、王政復古のクーデターを成功させる。敬親は明治2年には権大納言の位を得るが、同4年、山口藩庁で死去。53歳だった。

来島又兵衛《きじままたべえ》

（１８１７〜１８６４）

文武両道の達人で、禁門の変で散った血気あふれる長州藩士。

文化14年（１８１７）、長門国厚狭郡西高泊村に下士・喜多村政倫の次男として生まれ、19歳の時、上士・来島又兵衛政常の婿養子となった。幼名は亀之進。柳川藩の大石神影流の創始者・大石進に剣術を学び、さらに江戸に出て修行をつむ。

嘉永元年（１８４８）、長州に帰り家督を相続、手廻り組に入隊のあと駕籠《かご》奉行などの要職を務め、養父が病死したため累代の又兵衛を継いだ。

文久３年（１８６３）兵を率いて上洛するが、八月十八日の政変で帰国。高杉が奇兵隊を創立したのに触発されて、遊撃隊を組織し、自ら総督となった。

そして、翌元治元年の禁門の変で来島の名は、世間に響き渡る。高杉らに反対されながらも長州の汚名挽回のため、藩主に出兵を促し、家老・福原越後らと再度上洛。戦いが始まると、来島は来島家伝来の甲冑《かっちゅう》を着込み、自ら遊撃隊６００名を率いて、やはりこの戦いで死ぬ久坂玄瑞らと激戦を繰り広げた。

しかし、薩摩藩の銃撃隊として活躍した、のちの大警視・川路利良の狙撃で胸を撃ちぬかれる。助からないと悟った来島は、かたわらの甥・喜多村武七に介錯を命じ、自ら槍でノドを突いたのち、首を刎ねられ死亡。47歳の老武者の最期だった。

「この首をとるかとらるか今朝の春」、来島又兵衛が出陣に際して詠んだ句といわれる。

周《す》布《ふ》政《まさ》之《の》助《すけ》
（１８２３〜１８６４）

文政６年（１８２３）、長州藩士・周布吉左衛門兼正の五男として生まれた。名は兼翼《かねすけ》といい、通称が政之助。周布氏は近世以降、代々、長州藩・毛利家に仕えた家柄である。

天保の藩改革を行った家老・村田清風の影響を受け、弘化４年（１８４７）に抜擢され藩政に参加すると、財政再建や軍制改革、殖産興業などに尽力。また桂小五郎や高杉晋作など、吉田松陰門下を藩の中枢に登用したことで知られる。

しかし、藩財政の悪化によりいったん失脚するが、復帰したあとは、藩の経済政策の責任者として長井雅楽の航海遠略策をとるが、久坂らに説得され、藩論統一のため攘夷を唱える。

元治元年（１８６４）、来島又兵衛らが大挙武装して上洛しようとするのを、高杉とともに抑えようとするが失敗、禁門の変となる。

第一次長州征伐には事態の収拾に奔走するが、藩はふたたび俗論派に実権を握られるようになった。周布は同年９月、その責任を感じて庄屋・吉富藤兵衛宅にて切腹。高杉らの維新回天の実現を見ないで、自らの命を閉じた。

清廉な一生と思われるが、酒癖が悪く、多くの舌禍事件を起こし、その都度謹慎処分を受けるが、有能ゆえすぐに復帰、をくり返した。また、高杉が脱藩の罪で投獄された時も、大酒を飲んで、馬で抜刀したまま、高杉のいる野山獄に乱入したという伝説もある。

広沢真臣《ひろさわさねおみ》（1834～1871）

高杉晋作、木戸孝允と並んで幕末から維新にかけての長州藩のリーダー。長州藩士・柏村安利の四男として天保4年（1834）に生まれる。10歳で同藩士・波多野直忠の婿養子となって波多野金吾となる。藩校・明倫館に学んだ俊才である。

安政6年（1859）には藩の軍政改革に参画、尊王攘夷派として頭角を現わす。藩の世子・毛利定広とともに上洛し、桂や久坂玄瑞のもと、京都詰めの藩士として尽力した。

禁門の変、下関戦争、そして第一次長州征伐と長州の苦難の時代を過ぎて、慶応元年（1865）、高杉を中心にした伊藤や山縣らによる正義派がクーデターによって藩の実権を握ると、中間派であった波多野は、藩政に参加することとなり、広沢兵助と改名する。

第二次長州征伐では長州代表として勝海舟と交渉、さらには討幕の密勅降下に尽力するなど、倒幕に大きく貢献した。

新政府発足後は、東征大総督府参謀を務め、その後京都府御用掛、参議など政府の要職を歴任するが、明治4年（1871）、東京麹町の私邸で宴会のあと、何者かによって深夜に襲撃され暗殺される。

広沢を厚く信頼していた明治天皇は「賊を必ず捕らえよ」とする異例の詔勅を発した。

しかし事件は、迷宮入りの様相となるが、木戸は執拗に捜査を督促し続け、容疑者は80名にものぼったという。真相は今日まで不明のままである。

前《まえ》原《ばら》一《いっ》誠《せい》
（1834〜1876）

吉田松陰の門下生で、倒幕運動の志士として活躍したが、明治維新後、萩の乱の首謀者として処刑された。

天保5年（1834）、長門国土原村に長州藩士・佐世彦七の長男として生まれ、前原氏を相続。前原家の遠祖は尼子《あまご》十勇士のひとり、戦国武将の米原綱寛といわれる。5歳の時、郡吏となった父とともに厚狭郡船木村に移る。のち萩に出て学び、安政4年（1857）、久坂玄瑞や高杉晋作らとともに松下村塾に入門。

さらに松陰の死後、長崎に出て洋学を修めた。その後、直目付長井雅楽の暗殺を計画するがうまく行かず、文久3年（1862）、藩の右筆役、七卿方御用掛などを務めた。

その後、高杉の功山寺挙兵に参加し、藩の実権を奪取。用所役右筆や干城隊頭取として、倒幕運動に尽力。第二次長州征伐では小倉口の参謀心得として参戦。戊辰戦争では北越戦争で活躍。長岡城攻略戦では参謀として政府軍を指揮、さらに会津に転戦した。

維新後は、長州を代表して参議、大村益次郎の死後は兵部大輔を兼ねた。しかし大村の方針であった国民皆兵（徴兵令）には反対し、山縣有朋に追われるようにして下野、萩に帰る。

そして新政府に不満を持った前原は、明治9年（1876）、奥平謙輔とともに不平士族を集めて萩の乱を引き起こすが、即座に鎮圧され、捕らえられて萩で処刑された。

入江九一《いりえくいち》（1837〜1864）

久坂玄瑞、高杉晋作、吉田稔磨とともに、吉田松陰の「松下村塾の四天王」のひとり。天保8年（1837）、長州藩の足軽・入江嘉伝次の長男として生まれる。弟に野村清（和作）、妹に伊藤博文の最初の妻・すみ子がいる。

安政3年（1856）、父の死により家督を継ぐ。弟の和作が松下村塾に入っていたが、九一は家長のため暇が取れず、弟に1年遅れて入塾。同年末に松陰が再投獄されたため、入江が実際に学んだのはわずか1ヵ月に過ぎなかったが、松陰に高く評価され、四天王に数えられたのだから、優秀な人材だったのだろう。

師の松陰が、幕府の日米修好通商条約の締結に激怒し、老中・間部詮勝斬るべしと企んだところ、四天王の他の3人は猛烈に反対したが、入江兄弟はこの計画に加担した。その際、松陰から「久坂君たちは優秀だが、度胸がない。その点、君だけは国のため死ねる男児である」と激賞される。

松陰の処刑から半年後、入江は吉田稔磨らとともに、足軽から士分に取り立てられ、高杉の奇兵隊の参謀となる。

元治元年（1864）の禁門の変では、久坂の率いる隊の一員として御所攻撃に加わるが、敗れて久坂は自刃。藩主世子への伝言を久坂から頼まれた入江は脱出を図るが、塀を越えた所で、越前福井藩兵の槍を顔面に受けて維新の夜明けを見ずに死亡。享年28だった。

吉田稔麿《よしだとしまろ》（1841～1864）

久坂玄瑞、高杉晋作、入江九一とともに松陰門下の四天王といわれた。池田屋事件で死ぬが、師の松陰から高く評価され、各藩の志士たちからもその死が悼《いた》まれた。天保12年（1841）、長門国松本村に軽卒・吉田清内の子として生まれた。名は栄太郎、のちに稔麿と改名。

生家は松陰の生家の近くだった関係で、松陰以前の久保五郎左衛門が教えていた頃の松下村塾に通っていた。少年の頃から真面目で無駄口はきかず、眼光だけは鋭かった。16歳で改めて松陰の松下村塾に入門。

一方、宝蔵院流槍術と柳生新陰流の剣術も修め、文武両道を極めた秀才だった。安政6年（1859）、松陰の江戸送りの際には、隣家の塀の穴から泣きながら見送ったという。

文久3年（1863）、幕府の軍艦を長州が襲撃した、いわゆる朝陽丸事件では烏帽子《えぼし》・直《ひた》垂《たれ》姿で船に乗り込み幕府使節の説得に成功する。

元治元年（1864）の池田屋事件では用を思い出して一度席をはずし、しばらくして戻ると周辺を新選組がとり囲んでいて、激戦の末、討ち死にする。

かつて山縣有朋が、稔麿に比べ自分がどれほど劣っているか高杉に尋ねると、高杉は笑って「吉田が座敷にいるとすれば、お前は玄関番ですらない。味噌も糞も一緒にするとはこの事だ」と答えたという。さすがの高杉も、山縣が日本の政治の頂点に君臨する日が来ようとは夢にも思わなかっただろう。

品川弥二郎《しながわやじろう》（1843～1900）

高杉晋作や桂小五郎ほどおもて立った活躍はしないが、つねに彼らの脇にあって奔走し、維新後も内務少輔、駐独公使、枢密顧問官などを歴任。

吉田松陰も「温厚正直で人情に厚く、抜きんでた能力はないが、心が広く奥深い」と評している。

天保14年（１８４３）、長州藩の足軽・品川弥市右衛門の長男として生まれた。15歳で吉田松陰の松下村塾に入門。松陰が刑死すると、高杉晋作らと尊王攘夷運動に奔走、英国公使館焼き討ちにも加わり、禁門の変では八幡隊長として奮戦した。

慶応元年（１８６５）、桂小五郎と上洛、桂の情報収集連絡係として薩長同盟の締結に尽力。戊辰戦争では、奥羽鎮撫総督の参謀として活躍した。

維新後の明治3年（１８７０）には、大山巌らと渡欧、普仏戦争を視察、そのあとイギリスで政治を学ぶ。帰国してからは政府の要職を務め、明治24年、第一次松方内閣の内務大臣に就任するが、翌年の衆議院議員選挙において強力に選挙干渉を行ったと非難され、引責辞職を余儀なくされた。

また民間にあっては、濁逸学協会学校（現在の独協学園）や旧京華中学を創立したほか、いまの信用組合の設立にも尽力している。明治33年、肺炎で死亡。享年58。

戊辰戦争の際、新政府軍が歌った「宮さん宮さん、お馬の前に……」の「トコトンヤレ節」は品川の作詞とされる。

土佐藩

坂本龍馬《さかもとりょうま》（1836〜1867）

幕末最大のヒーロー

「好きな歴史上の人物」では、常に1、2位にくる幕末屈指のヒーローである。

なによりも龍馬の功績は、薩摩の西郷と長州の木戸の間になった薩長同盟の実現だろう。これが日本の歴史の分岐点となり、時代は倒幕、維新回天へと大きく動いて行った。維新成立後、薩長閥全盛の中、忘れられかけていた土佐の坂本龍馬の名が、日露戦争時に明治天皇の皇后の夢枕に龍馬が立ち、日本の勝利は私が保証しますと言ったという新聞記事が出たことで、ふたたび世に出る。そして、いまも坂本龍馬がこれほど愛されているのは、やはり昭和37年（1962）、司馬遼太郎の『竜馬がゆく』がベストセラーになったからであろう。

政治を朝廷に戻すという竜馬の策に飛びついた土佐の山内容堂、後藤象二郎によって、徳川慶喜の大政奉還が実現したわずか1カ月後に、維新の夜明けを見ることなく、龍馬はその短い生涯を終える。その滅びの美学が、日本人には共感を呼ぶのに違いない。

天保6年（1836）、土佐国（いまの高知県）高知城下上街本町に土佐藩郷士（下級武士）・坂本八平と幸の二男として生まれた。兄・権平と千鶴、栄、乙女の3人の姉がいた。

　本家の坂本家は、質屋、酒造業、呉服商などを営む豪商・才谷屋で、分家の龍馬の家も非常に裕福だった。

　生まれる前の晩に、母の幸が龍が天を飛ぶ夢を見たため龍馬と名づけたというが、これはあとからの伝説であろう。

　ただ、幼い龍馬の背にはひとかたまりの毛が生えていたといわれる。これはのちに友人たちも証言しているので、本当だったかも知れない。

　10歳の時、母・幸が死去、八平の後妻・伊与に育てられるが、気弱な少年で、13歳ごろまで寝小便の癖があったという。しかし、「坂本の女仁王様」といわれた姉の乙女に武芸や学問を習い、たくましく育ってゆく。

脱藩

　長じて日根野弁治道場に入門して小栗流剣術を学び、目録を得たのち、嘉永6年（1853）、剣術修行のため1年間の江戸遊学に旅立った。築地の土佐藩江戸中屋敷に寄宿して、北辰一刀流の桶町千葉道場に通う。

　道場主の千葉定吉は、当時江戸随一といわれた玄武館の千葉周作の弟で、周作の大千葉に対して小千葉といわれた。定吉には3人の娘がいて、そのうちのひとりが、龍馬の婚約者といわれるさな子である。

　その直後、ペリー提督率いる黒船が浦賀沖に来航し、世は騒然となった。剣術だけでは駄目と悟った龍馬は、短い期間だったが、佐久間象山の私塾で砲術、漢学、蘭学などを学ぶ。翌年、15ヵ月の修行を終えて帰国。その翌年、安政2年に父が他界、家督を兄・権平が継いだ。

　安政3年、ふたたび藩から江戸剣術修行が許されて江戸に出る。桶町千葉道場では、塾頭をつとめ、免許皆伝を受ける。

　当時、土佐藩では山内容堂が吉田東洋を参政に起用し、藩政改革に取り組んでいた。さらに容堂は、水戸の徳川斉昭や薩摩の島津斉彬らと組んで、将軍継嗣に一橋慶喜を推し、幕政の改革にも意欲を示していた。

　これに大老・井伊直弼が反対、紀州の徳川慶福（のちの家茂）を将軍継嗣に定め、開国を強行し、反対派の弾圧にのり出す。安政の大獄である。

　容堂は隠居を余儀なくされていたが、藩の改革は吉田東洋のもとで着々と進んで行った。

　土佐の藩論は公武合体だったが、井伊直弼が桜田門外で暗殺されると、東洋の政策に不満を持つ下士たちの間で議論が沸騰し、尊王攘夷思想が充満してゆく。そんな動きに呼応し、武市瑞山が土佐勤王党を結成する。

　勤王を目指す武市は、諸藩と連絡をとるため同志を、四国はもちろん、中国、九州などに派遣。龍馬も、剣術修行の名目で長州の萩を訪れ、尊王運動の中心人物である久坂玄瑞と会い、意気投合する。

　しかし、尊王攘夷に二の足を踏んでいる藩に業を煮やした龍馬は、ついに脱藩を決意する。

　脱藩に反対する兄の権平に内緒で姉・乙女は蔵に忍び入り、権平秘蔵の刀「肥前忠広」を門出の餞《はなむけ》に送ったと伝えられる。

　一方土佐では、吉田東洋が暗殺され、武市が藩の実権を握り、藩論は攘夷へと進むが、脱藩した龍馬も、東洋暗殺の容疑者のひとりと見なされたという。

海舟との出会い

　文久2年（１８６２）、三たび江戸に出た龍馬は、近藤長次郎らとともに、当時、幕府の政治総裁だった越前福井藩主・松平春嶽に拝謁、軍艦奉行並の勝海舟への紹介状をもらい、海舟の屋敷を訪れ、門人となった。

　千葉重太郎と開国論者の勝を斬るために訪れ、逆に世界情勢を説明されて、門人になったという説が広く知られているが、これは勝がのちに、龍馬との出会いを劇的に誇張したのか、それとも記憶違いかのどちらかとの見方が強い。

　いずれにしても龍馬が姉・乙女への手紙で「日本第一の人物の門人となった」と書き送っていることから見ても、勝に大いに心服したことは間違いない。

　さらに勝が山内容堂に取りなしてくれて、龍馬の脱藩の罪が許されると、龍馬は勝の悲願であった海軍操練所設立のため奔走する。

　勝は、幕府の軍艦「順動丸」船上で、将軍・家茂からついに操練所設立の許可と、３千両の経費の支給の承諾をもらう。

　これに力を得た龍馬も福井にとび、松平春嶽から千両の借入に成功。この辺の活躍を龍馬は、乙女への手紙で「この頃は勝麟太郎大先生にことのほか可愛がられ候。エヘン、エヘン」と得意気に知らせている。

　元治元年（１８６４）５月、勝は軍艦奉行に昇進し、神戸海軍操練所は正式に発足。龍馬は海軍塾塾頭に任命される。また同じ頃、生涯の伴侶となる楢崎龍（お龍）と出会い、日頃懇意にしている寺田屋の女将・お登勢に預けている。

　そして、京都では薩摩と会津が手を組んで、京都から長州の勢力を一掃した八月十八日の政変や、池田屋事件が起きて政情は一変し、佐幕派がふたたび実権を握った。

　土佐でも、武市半平太が藩論を主導していることに不満を持った容堂が、吉田東洋暗殺の下手人探し、そして土佐勤王党の粛清に乗り出し、武市は切腹を命じられる。

　一方、禁門の変、下関戦争と長州にとっても受難の日々が続く。

　この頃、龍馬は、勝の紹介で薩摩の西郷と面会している。その時の龍馬の西郷評が、西郷の項でも述べた「小さくつけば小さく響き、大きくつけば大きく響く」であり、これに答えて勝も「評するも人、評さるるも人」と両雄をほめ讃えている。

　その勝も、塾生の安岡金馬が

禁門の変で長州軍に参加したことが問題となり、老中・阿部正外の不興を買い、軍艦奉行を罷免されてしまう。そして神戸海軍操練所は廃止となり、龍馬ら塾生は薩摩藩の小松帯刀に託された。

薩長同盟締結

龍馬らを引き受けた薩摩藩は、彼らの航海の専門知識を高く買い、慶応元年（１８６５）、龍馬らに出資し「亀山社中」が誕生する。日本最初の株式会社である。

一方、長州では高杉晋作の功山寺挙兵により、俗論派が倒され、ふたたび尊王攘夷の正義派が政権を握った。しかし長州には、彼らを京都から駆逐した薩摩、会津に対する不信感が強く、長州藩士の中には下駄底に「薩賊会奸」と書いて踏みつけてうっぷんを晴らす者が大勢いたという。

一方、龍馬は中岡慎太郎とともに、新しい日本を作るには雄藩たる薩長２藩の連合こそ必要と、桂や西郷を説くが、お互いに対する不信は根強く、なかなか和解には至らない。

そこで龍馬の考えたのが、近代的兵器の購入が難しくなっている長州のため、薩摩名義で調達し、兵糧米の不足に苦労している薩摩に、長州が米を送るという案だった。そしてその仲介と取引の実行を、亀山社中が担当する。このことによってようやく両藩の目先の問題が解決された。

これが下地となり、薩長両藩の話し合いはついに妥結。倒幕のための薩長同盟が現実となった。

海援隊誕生

同盟実現がかなって、護衛役の長府藩士・三吉慎蔵と龍馬が、伏見寺田屋で祝杯を上げている晩、幕府の伏見奉行が龍馬捕縛のため、寺田屋に向かう。

いち早く変事を悟った入浴中のお龍の機転で、龍馬は辛くも難を逃れるが、両手の指を切られてしまう。

　そして、この傷の療養のため、西郷の勧めにより龍馬はお龍を伴って薩摩に向かう。ふたりは霧島温泉に83日間も逗留、これが日本最初の新婚旅行といわれている。

　傷も癒えた頃、幕府は第二次長州征伐を強行。龍馬も亀山社中のユニオン号を指揮して、幕府軍相手に参戦。これが龍馬の最初にして最後の実戦となる。そして、長州軍の大勝利となり、幕府の信用は一気に失逐した。

　その後、一橋慶喜が、家茂の死を受けて15代将軍に就くが、時代は倒幕へと大きく動き始めてゆく。

　土佐勤王党を粛清した土佐藩でも、参政・後藤象二郎を責任者として軍備の強化を急ぎ、長崎での武器弾薬の購入を盛んに行っていたが、薩長とも関係が深く、貿易にも熟練した龍馬に注目する。

　慶応３年（１８６７）１月、龍馬と後藤の会談が実現し、龍馬の2度目の脱藩を赦免。亀山社中を土佐藩の外郭組織とすることが決まり、亀山社中は「海援隊」と改称した。

　海援隊結成から間もなく、海援隊が運用する大洲藩籍の「いろは丸」が、鞆の浦沖で紀州藩船「明光丸」と衝突、いろは丸は沈没。すばやく明光丸に乗り移った龍馬は、航海日誌をおさえ、万国公法に則った裁判を展開、幾度かの交渉ののち、7万両という大金を得る。さらに龍馬は、海援隊を率いての蝦夷地開拓も夢みていた。

龍馬暗殺

　いろは丸事件を解決した龍馬は後藤と慶応3年6月、土佐藩船「夕顔丸」で長崎から神戸へ向かう。その船中で龍馬は、政権を朝廷に返還すべし、に始まる倒幕後の政治綱領項目を後藤に示した。「船中八策」として知られるこの提案は、のち明治政府の「五箇条の御誓文」のもとになった。

龍馬の提示を受けた後藤は、直ちに容堂に報告。大政奉還の建白書として提出され、これに基づいて徳川慶喜は、二条城で諸藩の藩主や重臣を集めて大政奉還を発表。徳川幕府は270年の幕を閉じた。

そしてその1ヵ月後の慶応3年11月15日、坂本龍馬は常宿としていた京都河原町の醤油商・近江屋で、陸援隊長の中岡慎太郎と会談中に、十津川郷士と名乗る数名の男たちに襲われ、ほとんど即死に近い状態で殺害される。享年33。

当初、犯人は新選組といわれたが、明治3年（1870）、箱館戦争で降伏し捕虜になった、元見廻組の今井信郎が取調中に、佐々木只三郎と自分を含めたその部下6人が龍馬を殺害したと供述し、これが現在では定説となっている。

しかし薩摩黒幕説などもあり、現在まで確かなことは判っていない。

一方、龍馬の妻お龍は龍馬の死後、土佐の坂本家に引き取られたが、義兄夫婦とソリが合わず3ヵ月ほどで土佐を出ている。その後、東京、神奈川と縁者を頼って転々としたが、明治8年、商人・西村松兵衛と再婚。いまでも旧神奈川宿にお龍が仲居をやっていた料亭が残っている。

明治中期以降、龍馬の名がふたたびクローズアップされると、お龍も取材を受けて回顧談を残している。明治39年、66歳で死去。横須賀市大津の信楽寺の墓には、西村の名はなく「阪本龍馬之妻龍子之墓」と刻まれている。

また、婚約者といわれた千葉定吉の娘さな子の甲府市清運寺の墓には、「坂本龍馬室」と書かれている。そのほか龍馬と噂になった女性は多くいたといわれるが、特別美男子ではない龍馬がそれほどモテたということは、やはり人間的魅力に溢れていたからに違いない。

山内容堂《やまうちようどう》（1827〜1872）

土佐藩15代藩主。名は豊信、容堂は隠居後の号である。酒と女と詩を愛し、自らを「鯨海《げいかい》酔侯《すいこう》」と称した。

わずか26歳にして門閥による政治体制を改革すべく、吉田東洋を見出して参政とし、西洋式軍備の採用、海防の強化、財政の改革、身分制度の見直しなどの藩政改革を次々と断行し、「幕末の四賢侯」といわれた。

しかし四六時中、泥酔状態であったため、気分によって言うことが変わり、「酔えば勤王、覚めれば佐幕」と揶揄《やゆ》され、西郷に「まだ単純な佐幕の方が始末がいい」とまで言わしめた。

文政10年（1827）生まれ。生家である山内南家は石高1500石の分家で、連枝5家の中では一番下の序列だった。しかし13代、14代と藩主が急死したため、豊信に順番が回ってきた。藩主実現は、島津家などが老中首座の阿部正弘に働きかけた結果で、その後の容堂が倒幕に積極的になれなかったのもそのためといわれる。

井伊直弼が暗殺された桜田門外の変以降、土佐でも武市瑞山を首領とする土佐勤王党が勢力を握り、容堂の股肱《ここう》の臣である公武合体派の吉田東洋を暗殺。武市は門閥家老らと結び藩政を掌握する。

しかし、隠居の身だった容堂が藩政に復帰、まず、東洋を暗殺した土佐勤王党の大弾圧に乗り出し、首領の武市は切腹を命じられた。他の党員たちも死罪となったり、脱藩したりして、土佐勤王党は崩壊する。慶応2

年（１８６６）薩長同盟が成立、時代は倒幕へと大きく動き出していく。

　容堂は、自分を藩主にまで押し上げてくれた幕府を擁護し続けたが、倒幕へと傾いた時代の流れは、もはや止めることが出来なかった。

　そんな折、幕府が政権を朝廷に返還する案及び「船中八策」を坂本龍馬から聞いた家老・後藤象二郎は、これを自分の案として容堂に進言すると、容堂はこれこそ妙案と、すぐ老中・板倉勝静を通して15代将軍・徳川慶喜に建白した。これにより慶喜は慶応3年、政権を朝廷に返還する。大政奉還である。

　しかし、その後の明治政府樹立までの動きは、終始、薩長勢に握られた容堂は悔しくてたまらない。泥酔状態で会議に参加してはわめきちらし、「２、３の公卿が幼い天子を擁して権力を欲しいままにしている」などと放言すると、たまりかねた岩倉具視から「大失言であるぞ、すべて宸断《しんだん》によって行われたものであるぞ。土州、返答せよ」と、満座の中で叱責される場面もあったという。

　明治維新後は、内国事務総裁に就任したが、かつての藩士や領民であったような身分の者と、どうしても馴染むことができず、明治2年（１８６９）には辞職、隠居生活に入った。

　隠居生活は、妾《めかけ》を十数人も囲い、酒と女と詩作に明け暮れる豪奢《ごうしゃ》なものだったという。連日にわたって柳橋などで豪遊し、ついに財産も底をつき始めると、「大名が倒産したためしはない。オレがその先鞭をつけてやる」とうそぶいて、執事の諫めなど一切聞かなかった。

　また、武市瑞山を殺してしまったことを悔やみ、このため土佐には薩摩や長州に対抗できる人材がいなくなり、明治政府の実権を奪われてしまったと言い続け、明治5年に死去。長年の飲酒がもとの脳溢血だったという。享年46。

武市《たけち》瑞山《ずいざん》（１８２９～１８６５）

土佐勤王党の盟主。通称が半平太で、武市半平太と呼称されることが多い。色白の美男で、１８０センチの長身であったため、新派の名作『月形半平太』（行友李風作）のモデルといわれる。「月さま、雨が」「春雨じゃ、濡れて行こう」のセリフも有名だ。

文政12年（１８２９）、土佐国吹井村に土佐藩郷士・武市正恒の長男として生まれた。12歳から剣の修行を開始、21歳で高知城下に出て小野派一刀流の麻田直養に学び、皆伝を授けられる。自宅で道場を開くと声望を聞いて多数の門弟が集まり、１２０名にもなったという。その中には中岡慎太郎や岡田以蔵もいて、彼らがのちの土佐勤王党の母体となった。

安政3年（１８５６）、藩から江戸での剣術修行が許され、岡田らを伴って江戸に出、鏡心明智流の士学館（桃井道場）に入門。武市の人物を見込んだ桃井春蔵から免許皆伝を受け、塾頭となる。乱れていた道場の気風は粛然となったという。

ほどなく祖母の病状が悪化したため帰国、藩から剣術諸事世話方を命じられる。祖母の死を見届けたあと、岡田らをつれて武者修行という名目で、西国諸藩の動静視察の旅に出る。

文久元年（１８６１）、武市はふたたび剣術修行のため江戸に出る。そして、長州の桂小五郎や久坂玄瑞、高杉晋作らと交わり、彼らの師である吉田松陰の思想に共鳴、築地の土佐藩邸で少数の同志とひそかに土佐勤王党を結成。帰国した武市は、同志を募り、坂本龍馬が土佐における加盟者筆頭となった。

この頃の土佐藩は、山内容堂の信任厚い吉田東洋が中心となり、藩制改革を進めていたが、藩論は公武一体であった。容堂が藩主になる際、幕府にあと押ししてもらったり、はるか昔、初代の山内一豊が家康の格別な抜擢で土佐一国を拝領したいきさつもあり、幕府を崇拝する気風が強かった。

武市はこれを刷新すべく尊王攘夷を説くが、東洋に「山内家と幕府の関係は島津、毛利とは違う」と一蹴される。「東洋さえいなければ」と、ついに武市は、東洋の暗殺を決意する。

文久2年（1862）、武市の指令を受けた那須信吾、大石団蔵らは、帰宅途上の吉田東洋を襲撃し殺害。その首を郊外の獄門にかけた。

東洋派の藩庁は激怒し、首謀者の武市以下の一網打尽を図るが、決死の覚悟の土佐勤王党はこれに反発、一触即発の事態となった。藩重役らの話し合いにより、土佐勤王党に自重を促すということで落着するが、これによって土佐勤王党は、実質的に藩の主導権を握った。

しかし、容堂は土佐勤王党の台頭に露骨に不快感を示し始め、参勤交代から帰国すると、直ちに吉田東洋暗殺の下手人探索を命じた。

武市ら土佐勤王党幹部に逮捕命令が出され、武市は投獄、東洋門下の後藤象二郎らによって厳しい尋問がなされた。岡田以蔵の自白によって逮捕者が相次ぎ、岡田らは斬首、武市は切腹ということになった。武市は正装し、藩庁の庭で三文字割腹の法にのっとり、腹を3度かっさばき、前のめりになったところを、介錯人に心臓を突かせて絶命したという。享年37。

維新後、病床にあった晩年の容堂は、武市を殺したことを何度も悔いて、「半平太ゆるせ、半平太ゆるせ」と、うわ言を言っていたと伝えられる。

板垣退助《いたがきたいすけ》
（1837〜1919）

明治維新後、自由民権運動の指導者として知られ、国民から大きな支持を受けた。暴漢に襲われた際、「板垣死すとも自由は死せず」の名文句でも有名である。

天保8年（1837）、土佐藩上士馬廻格・乾《いぬい》正成の長男として、高知城下中島町に生まれた。乾家は名将・武田信玄の重臣であった板垣信方を祖とする名門だった。慶応4年（1868）、板垣信方没後320年にあたり、岩倉具視の助言により、板垣に姓を戻した。

文久元年（1861）、江戸留守居役兼軍備御用を命じられ、江戸に向かう。翌々年、高輪の薩摩藩邸で大久保利通と会談、尊王攘夷を強く意識する。

土佐藩の藩論は、尊王攘夷、公武合体と、めまぐるしく変わるが、板垣は珍しく武力による倒幕を一貫して主張、薩土密約を結ぶ。

大政奉還後の戊辰戦争では、土佐藩兵を率い、東山道先鋒総督府参謀として従軍。勝沼の戦いでは、近藤勇率いる新選組を撃破、二本松藩、会津藩の攻略でも活躍し、明治元年（1868）には土佐藩陸軍総督となり、家老格に進んだ。

明治新政府では木戸、西郷、大隈とともに参与に就任。さらに高知藩大参事、参議を歴任するが、征韓論争に敗れて下野。これが自由民権を唱える契機となった。明治14年、国会開設の詔が出されると自由党を結成、党首となり、以降自由民権運動家として活躍した。

中《なか》岡《おか》慎《しん》太《た》郎《ろう》

（１８３８～１８６７）

坂本龍馬とともに、薩長同盟締結の立役者。陸援隊隊長。龍馬の影にかくれて人気度は低いが、むしろ、龍馬より高く評価する人たちが維新の元勲の中にも多かった。

天保９年（１８３８）、土佐国北川郷柏木村に大庄屋・中岡小傳次の長男として生まれた。変名は石川誠之助など。武市瑞山の道場で剣を学び、のち武市の土佐勤王党に加盟して、本格的に志士活動を展開。文久２年（１８６２）、長州の久坂玄瑞とともに、信州松代に佐久間象山を訪ね、国防について議論し、大いに攘夷の意識を高める。

翌年、京都での八月十八日の政変後、土佐でも尊王攘夷派に対する大弾圧が始まると脱藩、長州に亡命し、志士たちのまとめ役、連絡役として活躍した。

禁門の変、下関戦争では長州側として奮戦するが負傷。その一連の時代の流れから、もはや単なる尊王攘夷では、日本の改革は不可能と判断、武力倒幕へと考えを大きく変える。

そのためには雄藩連合しかないと、坂本龍馬とともに桂小五郎、西郷隆盛を説き、慶応２年（１８６６）ついに悲願の同盟締結を実現させた。

続いて土佐の板垣退助と薩摩の小松、西郷との間で薩土密約の締結に成功するが、山内容堂の徳川家への強い恩顧意識のため、その効力は乏しかった。

慶応３年11月、京都四条の近江屋で龍馬と会談中、襲撃されて瀕死の重傷を負い、２日後に息絶えた。享年30。

後《ご》藤《とう》象《しょう》二《じ》郎《ろう》
（1838～1897）

土佐藩士・後藤正晴の長男として天保9年（1838）に高知城下片町に生まれた。名は正本《まさもと》、象二郎は通称である。

少年期に父を失い、義理の叔父・吉田東洋に預けられ、東洋の少林塾で学ぶ。

安政5年（1858）、東洋の推挙により幡多郡奉行となったのを初め、普請奉行、御近習目付などを経て、山内容堂の信頼を得て大監察、参政と藩の重役を務め、藩論である公武合体の急先鋒として活躍した。

慶応元年（1865）、土佐勤王党の弾圧にのり出し、武市瑞山を獄に投じたあと、藩命で薩摩、長崎に出張、さらに上海を視察。この間、土佐を脱藩した坂本龍馬と深く交わるようになる。

龍馬の提案により、同3年、容堂と大政奉還の建白書を提出。これを受けて徳川慶喜は政権を返上。この功により、土佐は新政府内での足場を築いた。

新政府で後藤は大阪府知事や参与、左院議長、参議、工部大輔などの要職に就くが、明治6年、征韓論争に敗れて、西郷隆盛、板垣退助らと下野。翌年実業界に転じ、蓬莱社を設立。政府から高島炭鉱の払い下げを受けて、その経営にのり出すが、2年後には破綻し、三菱の岩崎弥太郎に売却している。

明治14年（1881）、板垣の自由党結成に副党首格で参加、政界に復帰。進歩党結成に尽力し、黒田内閣で逓信大臣を務めたあと、農商務大臣などを歴任。明治30年、心臓病で死去。

岡田以蔵《おかだいぞう》

（１８３８〜１８６５）

「人斬り以蔵」の名で知られる土佐藩郷士。天保9年（１８３８）、土佐国岩村に郷士・岡田義平の長男として生まれた。海岸防備のため父が足軽として徴募された際に、そのまま高知城下七軒町に居住。

　武市瑞山に師事、はじめ小野派一刀流を学ぶが、安政３年（１８５６）、武市に従って江戸に出、士学館で鏡心明智流を学ぶ。いったん帰国したのち、ふたたび江戸に出て土佐勤王党に加盟、参勤交代の衛士に抜擢され、武市と京へ上り、各藩の尊王攘夷の志士たちと交わった。

　そして彼らとともに、安政の大獄で尊王攘夷派を弾圧した者たちに「天誅《てんちゅう》」と称し、制裁を加え始める。越後の本間精一郎、長野主膳の愛人・村山たかの息子・多田帯刀などが標的とされ、薩摩の田中新兵衛とともに恐れられた。「人斬り」の呼び名は、後世の創作によって定着したものであり、当時は「天誅の名人」と呼ばれていたらしい。

　八月十八日の政変以降、土佐勤王党が勢いを失い始めると岡田は酒色に溺れ、同志から借金をくり返し、無宿者となるほど身を持ち崩した。

　犯罪者として捕らえられた岡田がきっかけとなり、土佐では、武市をはじめ土佐勤王党の同志が、吉田東洋暗殺の嫌疑で続々捕らえられた。

　岡田は拷問に泣き喚き、罪状をことごとく自白、それが土佐勤王党崩壊へとつながって行った。慶応元年（１８６５）打ち首、獄門。享年28であった。

岩崎弥太郎《いわさきやたろう》（１８３５～１８８５）

世界最大のコングロマリットといわれる三菱グループの創始者。明治の動乱期に政商として活躍、巨利を得た最も有名な人物である。

天保５年（１８３５）、土佐国井ノ口村の地下《じげ》浪人・岩崎弥次郎の長男として生まれる。岩崎家は遠く甲斐《かい》武田家の血を引くといわれるが、真偽のほどはわからない。安政元年（１８５４）、江戸詰めとなった奥宮慥斎の従者として江戸に出、安積艮斎の門に入る。

翌年、父親が酒席での庄屋との喧嘩により投獄されたと知り帰国。奉行所に訴えたが、証人は庄屋の味方をし、弥太郎は投獄される。この獄中で同房の商人から、算術や商法を学んだことが、のちに岩崎が事業の道へ進むきっかけとなった。

出獄すると、吉田東洋が開いた少林塾に入塾、ここで後藤象二郎の知遇を得る。そして、東洋が参政となると、この縁で長崎に派遣され、海外事情を把握。岩崎の眼は外に向かって大きく開かれた。

慶応３年（１８６７）、これも後藤の引きで欧米商人から船舶や武器を輸入したり、木材や樟脳《しょうのう》などの藩物産を販売する開成館長崎商会の主任となる。

さらに明治に入り、土佐藩が手がけた九十九《つくも》商会の経営を手に入れ、三菱商会、さらに三菱汽船へと発展させる。

以後、岩崎は炭鉱、造船など政商として日本国とともに歩み、三菱は巨大なグループとして発展、今日の姿となっている。

諸藩

松平春嶽《まつだいらしゅんがく》（1828〜1890）

越前（いまの福井県）福井藩16代藩主。春嶽は号で、名は慶永《よしなが》。生涯、春嶽の名を愛用した。

越前福井藩は、徳川家康の次男・結城秀康を藩祖とする徳川親藩の筆頭格である。

文政11年（1828）、江戸城内の田安屋敷で御三卿のひとつである田安家3代・徳川斉匡の八男として生まれた。11歳の時、福井藩主・松平斉善が若くして死去、後継ぎがいなかったことから、いろんないきさつがあったが、越前松平家の家督を継ぎ、時の将軍・家慶から1字もらい慶永と名乗る。

藩主に就任すると、全藩士の俸禄を3年間半減、自身の出費も5年削減を打ち出し、財政基盤を確かにすることに努めた。天保11年（1840）、旧守派の中心人物だった松平主馬が罷免されると、藩政は中根雪江らの改革派が主導権を握り、由利公正（三岡八郎）、橋本左内らの若手が春嶽をよく補佐し、軍政改革や洋学所の設置などを次々と実施する。

嘉永6年（1853）、ペリーが浦賀に来航すると、水戸の徳川斉昭や薩摩の島津斉彬らとともに、海防強化による攘夷を主張する。老中・阿部正弘らと交流を始めると開国派に転じ、幕閣でも、徳川一門の春嶽の存在は大きくなっていく。

そして将軍継嗣問題では、腹心の橋本左内を京都に派遣し、一橋慶喜擁立のため積極的に動くが、紀州の徳川慶福を推す大老・井伊直弼に破れ、次期将軍は慶福（のちの家茂）に決定する。

さらに、井伊が朝廷の勅許なしに日米修好通商条約を調印すると、急遽、徳川斉昭や一橋慶喜と登城し抗議するが、逆に不時登城の罪を問われて安政5年（1858）、強制的に謹慎、隠居させられる。

安政7年、水戸浪士たちによって井伊が桜田門外の変で暗殺されると、それまでの幕府の政策も方向転換し、2年後に春嶽の幕政参加も許されるようになった。

一方、京都の朝廷では、薩摩の島津斉彬の弟で斉彬の死後、国父となった島津久光が軍を率いて上洛、積極的に政治に関わっていた。

さらに久光は、勅使の大原重徳を伴って江戸へ下向。幕府に慶喜を将軍後見職とし、春嶽を大老にすることを要求して来た。それに応え、文久2年（1862）、春嶽は新設の政事総裁職に就任する。

そして、会津藩主・松平容保の京都守護職就任、将軍・家茂の上洛など、公武合体策を押し進める。

さらに、熊本藩から横井小楠を招き、政治顧問とし、藩政の改革、幕政の改革に彼の意見を重く用いた。

その横井小楠主導で進められた福井藩の「挙藩上京計画」が、城中に全藩士を集めて発表されたのは翌年だった。

つまり、春嶽を筆頭に藩士のすべてを動員し、「一藩君臣再び国に帰らざる覚悟」をもって京都に出兵し日本国を制圧。朝廷・幕府どちらにもつかず、広く人材を登用し、早急に、穏やかな改革を推し進め、薩摩藩と連繫しつつ新しい日本を作るというもので、福井藩の天下掌握宣言ともとれるこの案に、日本中が騒然となった。

しかし、反対派の活動や、朝幕の連携もうまく行かず、決行直前に急遽中止となった。

その後、政局は八月十八日の政変、禁門の変と続き、長州が朝敵となると、春嶽は参与となり再度上洛。政治の中枢で活躍するが、薩摩と長州が同盟を結び、時代は倒幕へ大きく動いて行く。

そして慶応３年（１８６７）、ギリギリの所で、土佐藩の山内容堂の建白により、慶喜は大政を奉還する。

春嶽も体制の奉還には賛同するが、王政復古の大号令の前日、朝廷から議定《ぎじょう》に任命され、その後の薩長の倒幕運動には同調しなかった。

維新後の新政府では、内国事務総督、民部官知事、民部卿、大蔵卿などの要職を歴任したあと、明治３年（１８７０）に一切の政務から退いた。

「なき数によしや入るとも天翔り　御代をまもらむ　すめ国のため」の辞世を残して肺水腫のため、明治24年、東京小石川の自邸で死去。当時としては63歳の比較的長命だった。

ちなみに明治という年号は、春嶽が命名したといわれる。また、リンゴを初めて日本に導入したのも春嶽という。アメリカ産のリンゴの苗木を入手し、江戸郊外の巣鴨の福井藩下屋敷に植えたのが最初とされる。

島津斉彬（薩摩）、山内容堂（土佐）、伊達宗城（宇和島）と並んで幕末の四賢侯と呼ばれるが、春嶽自身は後世、「世間では四賢侯などと言われているが、本当の意味で賢侯だったのは島津公おひとりであり、自分はもちろん水戸の烈公、容堂公なども、島津公には到底及ばない」と語っている。

余談だが春嶽は、島津斉彬とともにＮＨＫ大河ドラマにはよく登場し、初回の『花の生涯』から近年の『龍馬伝』『八重の桜』まで通算八回に及ぶ。

陸奥宗光《むつむねみつ》
（1844～1897）

紀州藩士で坂本龍馬の海援隊士。江戸時代までの通称は陽之助。龍馬に可愛がられて、終生それを誇りとしていた。

龍馬をして、「刀を2本差さなくても食って行けるのは、数いる海援隊の中でオレと陽之助だけ」といわしめたほどだったという。

陸奥もまた「天を翔る奔馬」と龍馬を絶賛している。

「カミソリ陸奥」と呼ばれ、伊藤博文内閣の外務大臣として、不平等条約の改正に辣腕《らつわん》を振るった。

天保15年（1844）、紀伊国（いまの和歌山県）和歌山で紀伊藩士・伊達宗広の六男として生まれた。生家は仙台の独眼竜・伊達政宗の末子・伊達兵部の後裔と伝えられているが、実際は古くに伊達家から分家した駿河伊達家の子孫である。そのため陸奥は別名、伊達小次郎と名乗ってもいる。

父の宗広は、紀州藩の財政再建をなした勘定奉行だったが、宗光が8歳の時、藩内の紛争に敗れて失脚、一家は貧困にあえぐこととなった。

安政5年（1858）、宗光は江戸に出て安井息軒に師事するが、内緒にしていた吉原通いが露見して破門されるという、やんちゃな青年だった。

文久3年（1863）、幕府

が作った勝海舟の神戸海軍操練所に入り、ここで塾頭の龍馬と出会い、4年後には坂本龍馬の海援隊に加わるなど、終始、龍馬と行動をともにした。

龍馬が暗殺されたあとは、「いろは丸事件」で敵となった紀州藩士・三浦休太郎こそ暗殺の首謀者と思い込み、同志15人とともに、彼の滞在する天満屋を襲撃するという事件も起こしている。

明治維新後、岩倉具視の推挙により外国事務局御用係として活躍を始める。

戊辰戦争の際に、新政府は中立を表明していたアメリカと交渉し、幕府の持っていた甲鉄艦ストーンウォール号引き渡しに成功するが、未払金10万両を払えなかった。

しかし陸奥はこの大金を、大阪商人とたった一晩の交渉で借り受けることに成功、陸奥の名は一気に広がった。

その後、兵庫県知事、神奈川県命、地租改正局長などの要職を歴任するが、薩長藩閥政府の現状に激怒し、明治6年の征韓論をめぐる政変を機に、官を辞して帰国する。

前年に夫人を亡くした陸奥は、この年、亮子と再婚。亮子は新橋で一、二を争う名妓で、男嫌いという評判があったにもかかわらず、17歳で陸奥の妻となった。そして亮子はその美貌と聡明さで、「鹿鳴館の華」、さらに陸奥の駐米公使時代には「ワシントン社交界の華」と呼ばれるようになる。

明治10年（1877）の西南戦争の際、土佐立志社の林有造、大江卓らが政府転覆を謀ったが、陸奥もこれら土佐派と連絡を取り合っていたことが発覚し、禁固5年の刑を受け投獄される。

山形監獄に収容された陸奥は、イギリスの哲学者ベンサムの翻訳に打ち込み、出獄ののち『道徳及び立法の諸原理』として出版された。もちろん獄中から愛妻・亮子にあてた手紙も多く残っている。

明治16年、ようやく特赦で出獄すると、伊藤博文のすすめでヨーロッパに留学。内閣制度の仕組み、議会の運営の仕方など、先進国のイギリスが長い年月をかけて築きあげたものを、陸奥の明晰な頭脳は次々と吸収していった。

明治19年に帰国すると、外務省に出仕。ようやく陸奥は活躍の場を見つける。同21年に駐米公使、さらにメキシコ公使を兼任すると、メキシコとの間に日本最初の平等条約である日墨《にちぼく》修好通商条約を結ぶ。

帰国後、第1次山縣内閣の農商務大臣に就任、政治家として歩み出す。

さらに、第2次伊藤内閣でも外務大臣として迎えられ、イギリスとの間に日英通商航海条約を締結。治外法権の撤廃に成功する。

以降アメリカ、ドイツ、イタリア、フランスなどとも条約を改正し、陸奥の外務大臣在任中に、不平等条約を結んでいた15カ国すべてと条約改正を成し遂げるという偉業を達成し、その功で子爵となった。

さらに日清戦争が始まると、イギリス、ロシアの中立化に成功。とくにイギリスとの協調を維持しつつ、清に対して強硬路線を進める戦略は、「陸奥外交」と呼ばれ絶賛された。

戦後、伊藤とともに全権として下関条約を調印する頃には、陸奥の身体を肺結核がむしばみ始めていた。ロシア、ドイツ、フランスによる三国干渉が起きた時には、陸奥はすでに病床にあった。

明治29年、外務大臣を辞し、大磯の別邸やハワイで療養生活に入るが、翌年、東京西ヶ原の邸で肺結核のため死去。若き日をともにした坂本龍馬のもとへと旅立っていった。享年54。

死去した陸奥の邸は、ジョサイア・コンドルの設計で、現在「古河庭園」として一般に公開されている。

横井小楠《よこいしょうなん》
（１８０９～１８６９）

幕末に活躍し、多くの志士たちに影響を与えた熊本藩士。横井時存《ときひろ》とも呼ばれる。小楠は号。南朝の忠臣・楠木正成《まさしげ》（大楠公）の子・正行《まさつら》（小楠公）にあやかってつけたものとされる。

本姓は平氏で、鎌倉幕府最後の執権・北条高時の遺児・北条時行の末裔と称していた。

文化６年（１８０９）、肥後国（いまの熊本県）熊本城下内坪井町に熊本藩士・横井時直の次男として生まれる。

文化13年、わずか８歳で藩校・時習館に入り、その早熟ぶりが注目される。天保10年（１８３９）、家老の長岡是容のうしろだてを得て、江戸に遊学、幕臣の川路聖謨《かわじとしあきら》や水戸藩の藤田東湖らと親交を結ぶ。

しかし藤田の開いた忘年会で、他藩の者と喧嘩になったことから咎められ、江戸留守役から帰国を命ぜられる。以後、小楠には、酒によるトラブルが絶えなかったという。

熊本に帰った天保14年、自宅の一室で私塾、のちの小楠堂を開く。第１の門弟は、徳富蘇峰・蘆花兄弟の父・徳富一敬であった。のちここに福井藩士・三寺三作が学んだことから、小楠の名が福井藩に伝わり、小楠の福井藩出仕のきっかけとなった。

ロシア軍艦に乗ろうとして、長崎に向かっていた吉田松陰が、小楠の名を聞いて尋ねて来たのもこの頃である。

安政２年（１８５５）、農村の沼山津に転居し、自宅を「四時軒《しじけん》」と名づけた。坂本龍馬をはじめ、井上毅《こわし》、由利公正など、明治維新の立役者の多くがここを訪問している。

翌々年、松平春嶽の使者として村田氏寿が小楠のもとを訪れ、福井に招聘《しょうへい》される。本人は内諾するが、熊本藩主の細川斉護が断ったため、春嶽が幾度も要請、ようやく承諾された。

福井に赴いた小楠は、賓師として50人扶持の待遇を受け、藩校・明道館で講義を行う。また、新旧両派が対立していた藩に、挙藩一致を呼びかけた。

以降数回に渡り、赴任、帰国をくり返したのち、文久2年（1862）4回目の招きにより熊本を発ち、江戸に向かう。幕府の政事総裁となっていた春嶽の助言者として、幕政の改革に関わり、幕府への建白書として『国是七条』を起草する。

また一橋慶喜に対面して、幕政について意見を述べる一方、坂本龍馬と福井藩邸で交流、日本の将来について語り合ったりした。熊本に帰った小楠のもとに2年後、勝の使いで龍馬が訪ねて来た時も、熱っぽく『国是七条』を説いている。

その後、大政奉還、王政復古と時代は大きく動き、慶応3年（1867）、新政府から小楠を登用したい旨の通知が熊本藩に届く。しかし藩内には異論が多く、いったん断るが、翌年、小楠を高く評価していた岩倉具視の内示もあり、藩もしぶしぶ承知、小楠の上京を命じる。

横井は大阪から京都に入り、参与に任じられ、従四位下の官位も与えられたが、本来、丈夫ではない身体が激務から調子を崩し重篤な状態になった。ようやく数ヵ月後に回復、ふたたび出仕する。しかし明治2年（1869）、参内の帰途、京都寺町通丸太町で十津川郷士ら6人組が小楠の駕籠に発砲し、斬り込んできた。小楠も短刀1本で防戦するが息絶える。享年61。

殺害の理由は、小楠が開国を進めて日本をキリスト教化しようとしているという、事実無根なものだった。

佐久間象山《さくましょうざん》
（１８１１〜１８６４）

幕末、兵学、洋学で名が高かった松代《まつしろ》藩士。その門から坂本龍馬を始め、吉田松陰、勝海舟、小林虎三郎、河井継之助、橋本左内、山本覚馬など多くの、その後活躍する人材が出た。通称は修理《しゅり》。地元では「ぞうざん」と呼ばれたという。

過剰なほどの自信家で、そのため敵が多かった。数多くの業績を残したにも関わらず評価が低いのも、その性格によるところが大きいといわれる。しかし当時の日本では、まぎれもなく洋学の第一人者であった。

文化8年（１８１１）、信濃（いまの長野県）松代藩士・佐久間一学国善の長男として生まれる。13歳で藩儒の竹内錫命に詩文を学び、翌々年には佐藤一斎の門下生だった鎌原桐山について経書を学んだ。

文政11年（１８２８）、家督を継ぎ、藩主・真田幸貫《ゆきつら》の世子・真田幸良の教育係に抜擢される。幸貫は象山の性格を嫌いつつも、その才能は高く評価していた。5年後、江戸に出て、当時の儒学の第一人者・佐藤一斎に朱子学を学び、同門の備中松山藩の山田方谷《ほうこく》とともに「佐門の二傑」と謳われた。

天保13年（１８４２）、藩主の真田幸貫が、幕府から老中兼任で海防掛を命じられると、象山は顧問に抜擢され、アヘンをめぐる清《しん》とイギリスの戦争をはじめ、海外の事情を研究して『海防八策』を著す。さらにオランダ語の習得から始まって、医書、兵書、自然科学書などの精読に励み、主君・幸貫から藩の洋学研究の担当に指名され、当時名高かった江川英龍（太郎左衛門）の下で兵学を学ぶ。そして、象山は大砲の鋳造にみごと成功し、西洋砲術家としての名声は日本中に轟きわたった。

さらに学んだ蘭学書の知識をもとに、ガラスの製造、地震予知器やカメラの開発などに次々と成功、嘉永４年（１８５１）、ふたたび江戸に居を移して木挽《こびき》町に「五月塾」を開き、砲術・兵学を教えた。海舟や松陰、龍馬が学んだのもこの頃である。

嘉永６年にペリーが来航した時も、藩の群議役として浦賀を訪れ、その報告書『急務十条』は時の老中・阿部正弘にも送られた。そして翌年、門弟の吉田松陰が、再来航したペリー艦隊に乗り込み、アメリカへ密航を企て失敗するという事件が起きる。暗にこれを勧めたとされる象山も連座し、伝馬町牢屋敷に収容され、その後、文久２年（１８６２）まで松代での蟄居を余儀なくされた。

元治元年（１８６４）、一橋慶喜に招かれて上洛、開国論を熱心に説く。しかし、当時の京都では尊王攘夷の志士たちは、潜伏して活動していたが、白昼堂々として、供も連れずに馬で闊歩する象山の姿は暗殺の標的となり、三条木屋町で肥後の河上彦斎らの手にかかり命を落とした。54歳であった。

自信家で、人を人とも思わない象山には多くのエピソードがある。たとえば自らを「国家の財産」と自認し、龍馬に「僕の血を引く子は必ず大成して日本のために役立つ。そのため僕の子供をたくさん生める大きな尻の女を見つけてきてくれ」と頼んだりした。しかし、子の啓之助は素行が悪く、大成するどころか、新選組に入ったが規律の厳しさに脱走してしまう、という笑えない話もある。

また、象山を暗殺した河上彦斎は、のちに象山の偉大さを知って愕然《がくぜん》とし、以降暗殺をやめてしまったといわれる。

鍋島閑叟《なべしまかんそう》
（1815～1871）

10代肥前国《ひぜん》（いまの佐賀県）佐賀藩主。明治以前の名は斉《なり》正《まさ》、11代将軍・家斉《いえなり》から松平の姓を与えられ、斉の1字をもらったが、維新後、直正と改名。

文化11年（1815）、9代藩主・鍋島斉直の17男として生まれる。正室は家斉の19女・筆姫。閑叟は号である。

当時、佐賀藩は長崎警備の負担が重く、台風の甚大な被害などもあって、財政は破綻状態にあった。領国に向かって江戸藩邸を出た斉正の行列に、借金返済を求めて商人たちが、列をなして押し寄せたほどだった。

襲封早々、斉正は大胆な改革にのり出す。藩の役人たちを5分の1に減らし、借金の8割カット、残り2割は50年割賦とした。また、藩校・弘道館を拡充し、人材の育成を目指した。

財政の再建をはかる一方、いち早く西洋の軍事技術の導入をはかり、他藩に先がけて、アームストロング砲などの製造に成功。蒸気船・凌風丸まで完成させる。また、日本で初めて反射炉を築いたのも斉正である。

一方、当時、不治の病といわれていた天然痘の根絶のため、幕府に先がけて、オランダから牛痘ワクチンを輸入。このことが、日本における天然痘根絶へとつながって行く。

嘉永6年（1853）のペリー来航の際には、アメリカの武力外交に対し、斉正は強く攘夷論をとなえ、品川の台場建設に佐賀藩の技術を提供したりした。

文久元年（1861）、家督を長男に譲って隠居し、閑叟と号した。幕末の動乱期には、この閑叟として知られる。

質素倹約と経営手腕から、当時は「そろばん大名」とあだ名されたが、他藩が近代化と財政難の板挟みで苦しむ中、いち早く財政再建、軍備の改革に成功したのが佐賀藩だった。

ただ、安政の大獄、桜田門外の変と激動の中央政界で、佐幕、勤王、公武合体のいずれの派とも距離を置いた閑叟は、なかなか発言力が持てず、かえって「肥前の妖怪」と不気味がられていたという。佐賀の最新兵器が威力を発揮するのは、戊辰戦争からで、上野の彰義隊の殲滅や、箱館の五稜郭での戦いは目を見はるものがあって、佐賀兵40名が、他藩の１０００名に匹敵するといわれた。

さらに、人材が不足していた明治新政府が近代化を進める上で、閑叟が育てた佐賀藩士の活躍は大きく、討幕運動では積極的でなかった佐賀が、薩長土肥と新政府の一角を担うこととなった。

明治4年（１８７１）に閑叟は病没するが、この早すぎる死が、中央政界で肥前勢力が小さくなった要因かも知れない。

さらに明治6年、征韓論で破れた江藤新平らが下野すると、佐賀勢力はますます弱くなり佐賀の乱へとつながって行く。

ともあれ、鍋島閑叟は、数少ない幕末の名君のひとりであることは間違いなく、岩倉具視ものちに久米邦武に「松平春嶽、山内容堂と比べて意外に傑物だった。議論にもなかなか迫力があった。惜しむらくは病身であったこと」と語っているが、イギリスの外交官アーネスト・サトウは「二股膏薬《こうやく》と呼ばれていた老人」と皮肉っている。

たしかに閑叟は、幕府とは一定の距離を保ち、維新までの倒幕運動の主導権は握れなかったが、そのため佐賀では、薩摩や長州のような藩内での騒動は起こらず、平和が保たれていたことは特筆すべきであろう。

江《え》藤《とう》新《しん》平《ぺい》（1834～1874）

日本の司法制度の基礎を築いた佐賀藩士。佐賀の乱を起こし、自ら制定した法によって裁かれ、処刑されるという皮肉な運命をたどる。

天保5年（1834）、肥前国八戸村に佐賀藩士・江藤胤光の長男として生まれる。

安政3年（1856）、22歳の時、アメリカのペリーやロシアのプチャーチンが通商を求めて来航するなか、江藤も開国の必要性に目覚め『図海策』を執筆。これが藩に重用されるきっかけとなり、洋式砲術指導などの役職を務める。

文久2年（1862）、脱藩して京都に出る。そこで長州の桂小五郎や公家の姉小路公知らと知り合う。

帰国した江藤の見識を高く評価していた藩主・鍋島閑叟によって、脱藩の罪を形だけの永蟄居に軽減され、長州征伐での出兵で藩主に献言するなど、ひそかに政治活動を続けていた。

徳川慶喜が大政を奉還すると、蟄居を許され、郡目付として藩政に復帰。新政府が誕生すると、佐賀の代表として副島種臣と京都に派遣される。

続く戊辰戦争では、東征大総督府軍監として江戸に下る。江戸城開城に伴い、城内の文書類の接収に従事。京都に戻って、岩倉具視に大木喬任とともに、江戸を東京と改称すべしと進言、受け入れられた。

明治3年（1870）、佐賀に帰り、藩の着座（準家老）に就任。藩政改革に腕を振るうが、中央に呼び戻され、太政官中弁となる。

新政府では文部大輔、左院副議長、さらに司法省が明治5年に設置されると司法卿、そして参議と、次々と要職を歴任。学制の基礎や警察制の設備などの近代化政策を推進。とくに、裁判所設置や民法編纂など、司法制度の確立に大きな功績を残した。

また、官吏の汚職にも厳しく対処し、政府内で大きな力を持っていた長州閥の山縣有朋が関わった山城屋事件、井上馨の尾去沢銅山事件を激しく追及、一時的にせよ、2人を辞任に追い込んだ。

一方、イギリス、フランスを範とし、三権の分立を唱える江藤に対し、行政権＝司法権というドイツを範とする政府内保守派との対立が鮮明となり、とくに財政的な問題もあって、大蔵省の井上馨との確執を招いた。このことが佐賀の乱における、江藤の処刑まで尾を引く。

そして、征韓論から発展した明治6年の政変で、江藤は西郷、板垣らとともに下野。翌年、愛国公党を結成し、佐賀への帰国を決意する。

佐賀に入ると、待ち受けていた島義勇らによって佐賀征韓党首領に擁立され、江藤の意に反して、不平士族たちが武装蜂起する。佐賀の乱である。

ただちに大久保利通は宮中に参内、自らを鎮圧の総帥とする追討令を受けて九州に到着、政府軍の総指揮を執る。

陸続として九州に上陸してくる政府軍の火力に追いつめられた江藤は、征韓党を解散して逃亡し、鹿児島に走って西郷に会い、薩摩士族の旗あげを頼むが断られる。さらに、岩倉への陳述のため上京しようとするが、高知県で捕縛され佐賀へ送り返されて、かつての部下だった河野敏鎌に裁かれることとなった。明治7年、河野により士族の地位を剥奪の上、梟首《きょうしゅ》（さらし首）の刑を申し渡され、その日の夕方処刑された。

大隈重信《おおくましげのぶ》

（１８３８～１９２２）

薩長の天下だった明治政府で、佐賀藩出身ながら、英語力と理財（経済）の知識で登用されたのが大隈重信だった。福澤諭吉の慶応義塾大学とともに、私学の雄とされる早稲田大学の創立者としても知られる。

天保6年（１８３８）、佐賀城下会所小路に佐賀藩士・大隈信保の長男として生まれた。大隈家は、知行３００石で砲術長を務める上士の家柄だった。藩校・弘道館に入学。23歳で藩主・鍋島閑叟にオランダ憲法の進講をし、弘道館教授に就任。早くからその才能は注目されていたが、藩政を動かすまでには至らなかった。

明治新政府では、薩摩の小松帯刀の推挙により参与、外国事務局判事を手始めに、新貨条例の制定など、金融行政に深く関わり、現在の通貨「円」の父ともいわれる。

また、伊藤博文や井上馨などからも慕われ、木戸孝允のバックもあって、近代国家の早期実現に向けて邁進する。伊藤を始め、多くの有能な若手たちが、築地の大隈邸に集まって政治談義にふけったという。そのため大隈の私邸は、「築地《つきぢ》梁山泊《りょうざんぱく》」と話題になったほどだ。

明治6年（１８７３）、大蔵卿に就任すると民部省を吸収、大蔵省を一大官庁とし、地租改正、殖産興業などを次々に実施。

また、自由民権運動に同調、早期の国会開設、憲法公布を説くが、開拓使官有物払下げをめぐって盟友だった伊藤ら薩長勢と対立。自身の財政上の失敗もあって、明治14年、参議を免官となり野に下った。明治14年の政変である。

野に下った大隈は、国会開設に備え、明治15年、立憲改進党を結成、尾崎行雄、犬養毅などが馳せ参じた。また同年、小野梓や高田早苗らと「学の独立」を謳って、早稲田の地に東京専門学校（現早稲田大学）を創立、人材の育成に乗り出す。

一方、大隈の外交手腕を高く評価する伊藤は、不平等条約改正のため、政敵ながら大隈を外務大臣として閣内に迎え、大隈の政界復帰が叶った。

しかし、大隈の外交政策に反対する国家主義組織・玄洋社の来島恒喜によって爆弾を仕掛けられ、右脚を切断するという不運に会う。「これで頭の方に血が多くいくから、血のめぐりもよくなるだろう」と、豪快に笑いとばしたという話も伝わっている。その後、明治31年、板垣退助らの自由党と合同して新たに憲政党を結成し、日本初の政党内閣を組閣、総理大臣に就任する。これは薩長閥以外の初内閣でもあった。

明治40年、大隈はいったん政界を引退し、早稲田大学の総長に就任、文化事業にも注力しだす。同41年、アメリカの大リーグ選抜チームと早稲田大学の試合における大隈の始球式は、記録に残っている日本最古の始球式とされる。

その後ふたたび政界に復帰、第2次大隈内閣を組織するが、次第に国民の支持を失い、大正5年（１９１６）、内閣は総辞職、大隈は完全に政界から引退した。その6年後、胆石症のため早稲田の私邸で死去。83歳の生涯を閉じた。

そして、日比谷公園で未曽有の「国民葬」が催される。式には30万といわれた一般市民が参列、沿道に並んで別れを惜しんだ。その3週間後に、同じ日比谷公園で行われた山縣有朋の「国葬」は、政府関係者以外は人影もまばらだったという。

徳川斉昭《とくがわなりあき》

（1800〜1860）

徳川御三家のひとつ、常陸《ひたち》国（いまの茨城県）水戸藩の9代藩主で、15代将軍・徳川慶喜の父。7代藩主・徳川治紀の三男として生まれ、号は烈公。その名通り、幕末を荒々しい気性で生き抜いた人物である。

8代藩主・斉脩が継嗣を決めないまま病となったため、藩内でいろいろな策謀があり、斉昭派40名が江戸に上がって陳情するなどの騒ぎもあったが、斉脩の死後遺書が見つかり、斉昭が家督を継いだ。

藩主に就くや斉昭は、自分を擁立してくれた戸田忠太夫、藤田東湖、会沢正志斎、武田耕雲斎ら比較的軽輩の藩士を登用して、藩政の改革を実施。さらに、幕政の改革を提案、「水戸の老公」として、その影響力は幕府のみならず全国に及んだ。

嘉永6年（1853）、ペリーが来航すると、老中首座・阿部正弘に請われ、海防参与となると、天皇崇拝の水戸学の立場から強硬な攘夷論を主張。江戸防備のため大砲74門を鋳造し、幕府に献上している。

さらに軍政改革参与となると、開国に反対。将軍継嗣問題もからんで、開国を推進する井伊直弼と対立。そして、井伊を詰問するための無断登城を理由に水戸屋敷で謹慎を命ぜられ、幕府中枢から排除された。

安政6年に孝明天皇の密勅が、水戸に下されたことに井伊が激怒、斉昭は水戸で永蟄居を命じられ、事実上の政治生命を絶たれる。そして、蟄居処分の解けぬまま水戸で急逝した。

伊達《だて》宗城《むねなり》

（1818〜1892）

伊予国（いまの愛媛県）宇和島藩8代藩主。大身旗本・山口直勝の次男で、正室は佐賀藩主・鍋島斉直の娘・益子。祖父の山口直清は宇和島藩5代藩主・伊達村候の次男で山口家の養嗣子となった人物だった。

文政元年（1818）江戸に生まれる。文政12年、藩主・宗紀の養子となり、26歳の時、養父の隠居に伴い藩主に就任。養父の藩政改革をさらに進め、木蝋の専売化や石炭の埋蔵調査など実施。さらに長州より村田蔵六（大村益次郎）を招き、軍制の近代化をはかり、また、オランダ語を翻訳させて船の設計を命じ、試行錯誤の末、3年後には日本の蒸気船の第一号を完成させた。

また、幕府の政治にも積極的に口を出し、当時の老中首座・阿部正弘に幕政の改革を進言するが、阿部の死後、大老に就いた井伊直弼と真っ向から対立。一橋慶喜を次期将軍に推すが、紀州の徳川慶福を担ぐ井伊の強権発動により、一橋派は排除される。

安政の大獄で隠居、謹慎を命じられるが、井伊の死後、参与会議、四侯会議など、ふたたび幕政に関与するようになった。

慶応3年（1867）、王政復古のあとは、議定に名を連ね、翌々年の新政府では民部卿兼大蔵卿となる。鉄道敷設のためイギリスから借款を取りつけたり、清の全権・李鴻章との間で、日清修好条約の調印を成しとげたりするが、1年余りで中央政界より引退した。

真《ま》木《き》保《やす》臣《おみ》（1813～1864）

幕末、勤王の志士のひとりで、久留米藩士、久留米水天宮祠官。真木和泉《いずみ》の名で知られる。また、楠正成の崇拝者で、今楠公と呼ばれた。筑後《ちくご》国（いまの福岡県）久留米の水天宮の神職の家に生まれた。父は真木旋臣。

文政6年（1823）、神職を継ぐが、皇室を崇拝する水戸学に傾倒、水戸に赴き会沢正志斎の門下となり、その影響を強く受け、自らを水戸学の継承者と位置づけた。関東を遊歴し、江戸では安井息軒、塩谷宕陰といった名士と交わり、尊王の志をますます強くする。嘉永5年（1852）、同志とともに、藩政改革の建白書を藩主の有馬慶頼に提出するが、かえって蟄居を命じられる。

幽囚生活は10年に及ぶが、真木の尊王の志はますます強くなる。その間、『何傷録』を著す。その中の「士の重んずることは節義なり。節義はたとえば人の体に骨ある如し。骨なければ首も正しく上にあること得ず」の言葉は、新渡戸《にとべ》稲造《いなぞう》もその著、『武士道』の中に引用している。

その後、薩摩の大久保利通らと、島津久光を立てての上洛を実現するが、寺田屋事件により久留米藩に引き渡される。さらに長州藩に接近するが、八月十八日の政変で、七卿とともに長州へ逃れる。

続く禁門の変では、久坂玄瑞らと奮戦、破れて敗走するが、会津藩と新選組の追撃を受けて自害する。辞世の歌は「大山の峯の岩根に埋めにけり　わが年月の大和魂」。

梅《うめ》田《だ》雲《うん》浜《ぴん》（１８１５〜１８５９）

尊王攘夷を唱える志士たちの先駆者であり、安政の大獄最初の逮捕者となる。

文化12年（１８１５）、若狭国（いまの福井県）小浜藩士・矢部義比の次男に産まれる。雲浜の号は小浜海岸に因んだといわれる。梅田の名は祖父の家系を継いだためである。

小浜藩校・順造館に学び、さらに山口菅山から儒学を学ぶ。その後、大津で自らの湖南塾を開き後進を育てた。しかし嘉永６年（１８５３）、時の藩主・酒井忠義に建言したのが逆鱗に触れ、藩籍を剥奪されてしまう。

ペリー来航や条約締結など世情が騒然となると、敢然と条約反対、外国人排斥を主張。尊王攘夷運動の急先鋒となり、梅田の名は全国に響き渡り、志士たちが雲浜のもとに集うようになった。また、幕府を激しく批判したため、安政５年（１８５８）、時の大老・井伊直弼によって、京都で逮捕される。安政の大獄の始まりである。捕縛後、京都から江戸に送られ、過酷な取り調べを受けるが、何ひとつ口を割らなかった。

そして翌年、獄中で病死。当時流行していたコレラが死因といわれるが、度を越えた拷問《ごうもん》での傷の悪化との説もある。

梅田はあとに続く尊王攘夷の多くの志士たちに慕われ、その墓は全国にまたがっているが、京都霊山《りょうぜん》護国神社の山腹には、木戸、久坂、高杉、龍馬など、幕末勤王の志士１３５６柱とともに祀られていて、いまも訪れる人が絶えない。

平野国臣《ひらのくにおみ》
（１８２８〜１８６４）

尊王攘夷の志士として奔走した福岡藩士。鹿児島の桜島を望む場所に立つ「わが胸の燃ゆる思いにくらぶれば　煙はうすし桜島山」の歌碑の作者である。

文政11年（１８２８）、福岡藩足軽・平野吉郎右衛門の次男に生まれる。父は千人もの門人を抱える神道夢想流杖術の使い手であった。嘉永６年（１８５３）、２度目の江戸勤番となり、江戸で剣術や国学に励んだ。さらに、水戸の会沢正志斎を知ったことでその尚古主義はますます度を越し、古い袴、古風な太刀という異様ないで立ちで闊歩していたという。

西郷、大久保から真木和泉、清河八郎まで、多くの志士と親交を持ち、討幕のため奔走した。文久２年（１８６２）、島津久光の大軍を率いての上洛に合わせて挙兵を謀《はか》るが、久光に倒幕の意志などなく、寺田屋事件となり平野も捕縛され、福岡に送り返される。

翌３年、京都での八月十八日の政変で政局は一変してしまう。会津と薩摩が結託し、長州勢力を京都から一掃、攘夷派は壊滅状態になった。

さらに、大和での天誅組の挙兵に呼応する形で但馬《たじま》国生野で挙兵するが、またもや失敗に終わり平野は捕らえられ、京へ護送され六角獄舎に繋がれた。

そして元治元年（１８６４）、禁門の変に端を発生した火災が京都市内を覆う。獄舎にも及び、囚人の脱走を恐れた所司代の役人は処刑を決断、30人以上の囚人とともに、平野も斬首された。

大木喬任《おおきたかとう》
（1832〜1899）

大隈重信、副島種臣、江藤新平らとともに、幕末維新の佐賀藩を担《にな》ったひとり。

天保3年（1832）、肥前国佐賀藩士・大木知喬の長男として生まれる。10歳で父を亡くし母のもとで育てられた。藩校の弘道館で学んだのち、副島らと藩論を尊王攘夷へと転換させようと図るが、果たせなかった。万延元年（1860）、藩から選ばれて江戸遊学の途に上る。

新政府が樹立されると、大隈、江藤、副島などとともに佐賀代表として出仕し、参与、軍務官判事、東京府知事などを歴任。特に、江戸を新しい日本の首都とすることに尽力した。また、明治4年（1871）に民部卿、文部卿として、学制の実施に骨を折った。さらに参議兼司法卿となり、9年の不平士族たちによる神風連の乱と萩の乱では、その事後処理に力を尽くし、新政府内で重きをなした。

また、戸籍編成の主導権をめぐって大蔵省の大隈重信と対立するが、大久保利通の庇護を受け、民部大輔として戸籍法の制定を行い、のちに民部卿に任命される。しかし、大隈の巻き返しに会い、民部省は大蔵省に吸収されてしまう。同じ佐賀出身で幼なじみの大隈とは、常に対立した。皮肉な運命といっていい。

その後、元老院議長、参議、さらに枢密顧問官、枢密院議長を歴任して、明治32年に死去。67歳だった。教育制度に尽力したことから、明治の六大教育家のひとりに数えられている。

橋《はし》本《もと》左《さ》内《ない》（1834〜1859）

幕末の四賢侯といわれた越前福井藩主・松平春嶽の懐刀《ふところがたな》として活躍するが、安政の大獄で若干26歳で散った俊才である。天保5年（1834）橋本長綱の子として越前国に生まれる。

嘉永2年（1849）、大坂に出て、当時、日本一と言われた緒方洪庵の適塾で蘭方医学を学ぶ。やがて水戸の藤田東湖、薩摩の西郷吉之助、小浜の梅田雲浜、熊本の横井小楠など、各藩の志士たちと交流。松平春嶽に側近として登用されると、藩医、藩校・明道館の学監など、藩政の中心になっていく。

幕府の14代将軍をめぐる継嗣争いでは、一橋慶喜を推す春嶽を助けて擁立運動を展開、さらに幕政の改革にも動き出す。

橋本の考えは、幕藩体制を維持した上で、西欧の先進技術を積極的に導入し、日本の近代化をはかるというもので、いわば公武合体の先覚者といっていい。

しかし安政6年（1859）、井伊直弼の安政の大獄が始まり、日米修好通商条約の締結に抗議するため急遽、水戸の徳川斉昭と登城した春嶽が、不時登場の罪で隠居謹慎を命ぜられると、橋本も将軍継嗣問題に介入した罪により逮捕される。

そして、伝馬町牢屋敷で頼三樹三郎とともに斬首。

水戸の藤田東湖に心酔していて、東湖の死後、「東湖の後、また東湖あり」と武田耕雲斎にいわれ、また「左内と識なきを嘆ず」と吉田松陰にいわしめている。

朝廷

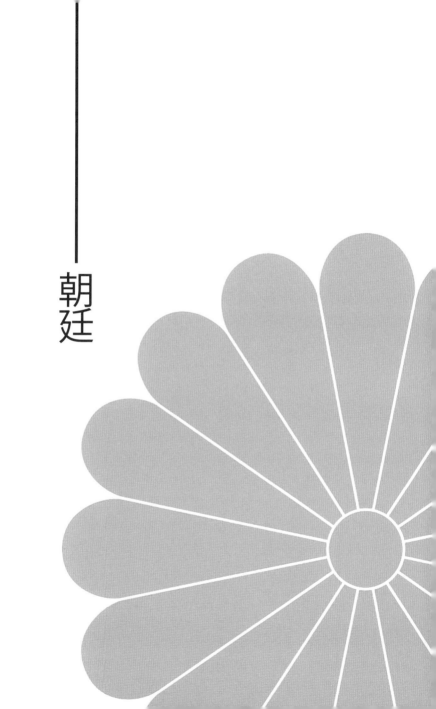

岩倉具視《いわくらともみ》
（1825〜1883）

和宮の降嫁

下級公卿の出身ながら、その才覚ひとつで頭角を現わした幕末維新の指導者のひとり。

「自分と大久保がやった事は、あの世に行くまで腹に収めておかなくてはならない」とのちに語っているほど、権謀術数に長《た》けた政治家であった。かつての五百円札でもおなじみである。

文政8年（1825）、公卿の堀河康親の次男として京都に誕生。幼名は周丸《かねまる》。容姿や言動が公家ばなれしていたため、宮廷の子女達の間では「岩吉」と呼ばれたという。儒学者・伏原宣明に師事するが、伏原はいち早く岩倉を大器と見抜き、岩倉家への養子縁組を勧めた。

13歳で岩倉具慶の養子となり朝廷に出仕し、百俵の役料を受ける。しかし岩倉家は代々の家業を持たない公卿だったため、家計は苦しかったという。

嘉永6年（1853）、歌道を学ぶため関白の鷹司《たかつかさ》政通に入門するが、これが下級公家にすぎない岩倉が、朝廷中枢に発言できる転機となった。そして人材の育成と実力による登用を鷹司に進言する。

安政5年（1858）、老中・堀田正睦が日米修好通商条約の勅許のため上京するが、岩倉はこれに反対の抗議のため公家達を結集、朝廷内で岩倉の名は知られるようになる。

　しかし、大老・井伊直弼は独断で条約を締結し、反対派の粛清のため安政の大獄となる。岩倉はこのため、朝幕の関係が悪化することを危惧し、京都所司代・酒井忠義らと会談。朝廷と幕府の対立は国家の損失であると説き、岩倉はむしろ幕府寄りの立場をとった。

　桜田門外の変で井伊直弼が暗殺されると、政情は公武合体へと動き、皇女・和宮の将軍降嫁となる。孝明天皇は岩倉を召して諮問するが、その時の意見書が『和宮御降嫁に関する上申書』であり、岩倉は「皇国の危機を救うには、朝廷の下で公論に基づいた政治を行わねばならないが、急げば内乱となる。いまは政治決定は朝廷、執行は幕府があたるべきで、『公武一和』を天下に示すべき」と説いている。和宮が御所を出て江戸へ下向したのは文久元年（１８６１）、岩倉もこれに随行することとなり、降嫁の万端を手配した。

　さらに、天皇から老中あての勅書を与えられたため、単なる随行ではなく、勅使として江戸へ向かう。下級公家の岩倉が軽んじられないようにとの、天皇の配慮であったという。

岩倉村での蟄居

　文久2年（１８６２）、天皇は老中たちが連署で提出した10年後の攘夷決行の誓書を公表し、幕府が行動を起こさない場合は、自らが親征し攘夷を行うとまで宣言した。そんな朝廷の危機を見た薩摩藩の島津久光が、軍を率いて上洛してくる。天皇は久光に京都の守護を命じ、幕府に安政の大獄で処分された人々の復帰を命じる。

　これを受けて幕府は、徳川慶喜を将軍後見職に就け、松平春嶽を政事総裁職として復帰させた。こうしてめまぐるしく動く政情の中、尊王攘夷運動は各地で高まりを見せるようになったが、岩倉は終始一貫として朝廷の権威の高揚に努めたため、尊王攘夷派の志士たちからは佐幕派と見なされた。孝明天皇にまで親幕派と疑われ、蟄居処分を命じられた岩倉は、官を辞して朝廷を去り、慶応３年（１８６７）まで、洛北岩倉村で５年間の蟄居生活を続けることとなる。

　その間、京都では禁門の変が起こり、攘夷強行論者は一掃されたが、岩倉の赦免はなく、相変わらずの隠遁暮らしだったが、同志たちが頻繁に訪れるようになり、岩倉も水面下で工作を開始、薩摩藩の動向に呼応するように倒幕へと大きく方向転換する。

　そして孝明天皇が天然痘により突然崩御。毒殺説もあり、岩倉が首謀者として疑われるが、真相は不明のままである。

新政府樹立

　慶応３年、明治天皇が15歳にして即位。新帝即位に伴う大赦により、禁門の変にかかわった者が赦免されたが、岩倉らは赦免されず、ようやく赦免されるのは10ヵ月後だった。その間、二条城では徳川慶喜の大政奉還があり、朝廷に政権が返上された。

　しかし、年少の天皇、慶喜のいいなりの朝廷首脳、徳川家の膨大な所領を背景に、引き続き実質的な権力を握ることになるであろう慶喜から実権を奪うために、岩倉は薩摩の大久保らと計り、慶喜に納地返上を促す。

　岩倉は参内し、新政府の人事と慶喜の処分を求める大号令を奏上する。そこで、有栖川宮を首班の総裁とし、松平春嶽、山内容堂らを議定、岩倉や大久保らを参与とする新政府が樹立された。そして小御所会議で、慶喜に辞官、納地返上を命じることが決定する。

　慶喜は承知の誓書を提出し、この間の活躍で岩倉は参与から議定へと昇進。名実ともに朝廷首脳部のひとりとなった。

　明治元年（１８６８）に入る

と、慶喜は薩摩征伐を名目に出兵を開始、鳥羽伏見の戦いが始まる。松平春嶽は薩摩と旧幕府勢力の私闘であり、政府は無関係と主張するが、議定となったばかりの岩倉が、徳川征討に賛成したことで会議の大勢は決した。

新政府は、官軍として錦の御旗を立てて進軍、慶喜は敗北を悟り、大阪城から海路、江戸へ逃れる。これにより春嶽の政府内での発言力は弱まり、岩倉の発言力が大きく増すこととなった。

あらためて在京の諸大名が小御所へ集められ、岩倉はその場で「帰国したい者は帰れ。勤王の意思がある者は誓紙を出せ」と恫喝《どうかつ》すると、諸大名は岩倉の迫力に震え上がり、全員が誓紙を提出したという。

訪欧使節団

明治新政府となると、版籍奉還後、行政組織の再編があり、三条実美が行政責任者の右大臣となり、岩倉はその補佐役の大納言に就任。

明治4年、廃藩置県が実施され、ついに日本はひとつの国家、ひとつの元首のもとでの近代国家としてスタートする。岩倉は外務卿となり、さらに太政大臣が新設されて三条が就くと、岩倉は右大臣を兼務、名実ともに明治政府のトップに上りつめる。

外務卿となった岩倉は、条約改正を名目に、自ら特命全権大使となって訪欧使節団を組織、木戸、大久保らを引きつれて2年間に渡る外国視察に出発する。帰国後、征韓論をめぐる政府内の対立があり、西郷、板垣らが下野、これが明治10年の西南戦争と続く。

そして岩倉は、念願の大日本帝国憲法の制定も見ないまま死去。享年59。葬儀は国葬をもって行われたが、これが日本最初の国葬といわれる。余談だが、若大将・加山雄三は岩倉の玄孫である。

三条実美《さんじょうさねとみ》

（１８３７〜１８９１）

長州藩と密接な関係を持ち、姉小路公知とともに、早くから尊王攘夷派の公卿として活躍。維新後は右大臣、太政大臣、貴族院議員などを歴任した明治政府の最高首脳のひとり。

天保８年（１８３７）、議奏を務める三条実万の三男として生まれる。三条家は藤原北家閑院流の嫡流で、太政大臣まで昇任できる清華家のひとつである。幼名は福麿。次兄の早世により17歳で家を継ぎ、安政の大獄で処罰された父と同じく、早くから朝廷内で尊王攘夷派として頭角を現わした。

文久２年（１８６２）には、勅使のひとりとして江戸へ赴き、14代将軍徳川家茂に攘夷を督促し、この年には朝廷の国事御用掛となる。

しかし、文久３年、公武合体派の公卿と組んだ薩摩、会津によって、長州が京都から一掃された八月十八日の政変により朝廷を追われ、長州に逃れる。

海路で三田尻（防府）を目指すが、悪天候のため徳山に上陸し、雨の中、徒歩で三田尻に向かったという。世にいう七卿落ちである。

三条はその後、福岡藩から太宰府に移され、３年間の幽閉生活を送った。その間、西郷隆盛や高杉晋作、さらに坂本龍馬らが太宰府を訪れ、時局を語り合っている。

慶応３年（１８６７）、王政復古の大号令が下ると、都落ちした七卿は表舞台に復帰、澤宣嘉は外務卿、三条西季知は参与、東久世通禧は外国事務総督などに就く。

三条は新政府で議定となり、翌年には副総裁、戊辰戦争では関東観察使として江戸に赴き、さらに右大臣、太政大臣、内大臣を務めた。

明治6年（1873）の征韓論をめぐっての政府内の対立では、西郷、板垣らの征韓派と岩倉具視や大久保らの反対派の板挟みとなり、その心労は極限に達し、人事不省に陥《おちい》ったほどだったという。そして岩倉が太政大臣代理となり、事態を収拾した。

三条は、明治2年に太政官制が導入されて以来、実権はともかくとして、名目上は常に明治政府の首班であったが、明治18年、伊藤博文によって実現した内閣制度の発足によって、これに終止符が打たれた。

伊藤の総理大臣就任に伴い、三条は内大臣に就任し、天皇の側近として天皇を補弼《ほひつ》する立場になったのだが、そもそもこの内大臣は、三条のために作られた名誉職であり、実際、三条を2階へ上げて梯子を外した格好となった。

三条に仕えた尾崎三良（元老院議官）は、これに強く抗議すべきと三条に進言したが、三条は「国家将来のためのことであり、私個人の問題ではない」と語り、尾崎に軽挙を戒めたという。

このことからも三条は、極めて公家《くげ》風の温和な人物であったことがわかるし、明治という日本の近代化の初期には、政府内の対立を調停する緩衝材《かんしょうざい》になった。

新政府の樹立とともに、ほとんどの公卿が閑職に追いやられた中、稀有な経歴の持ち主だったといっていい。

明治24年、インフルエンザにより55歳で死去。死の直前に正一位を授与。葬儀は国葬をもって行われた。京都御所に隣接した三条邸跡の梨木神社に合祀されたのは、大正に入ってからである。

明治天皇《めいじてんのう》

（1852〜1912）

日本の第122代天皇。幕末維新という未曽有の激動期に、日本の最高指導者として君臨した。

嘉永5年（1852）、孝明天皇の第二皇子として生まれる。生母は権大納言・中山忠能の娘・中山慶子。名は睦仁《むつひと》、称号は祐宮《さちのみや》。

慶応2年（1867）、孝明天皇が崩御《ほうぎょ》。翌年、満14歳で践祚《せんそ》の儀を行い、皇位につく。

践祚間もなく、薩摩藩や一部の公卿を中心に討幕論が起こり、以降、幕府と討幕派それぞれの朝廷工作が活発となる。

そして、慶応3年（1867）に徳川慶喜が大政を奉還、王政復古の大号令が発せられ、新政府が出来る。そして、明治と改元され、一世一元の制度が定められた。江戸が東京と改称され、天皇は東京に行幸。以後、崩御まで東京に居住することとなる。

維新後、日本は急速に近代化を急ぎ、廃藩置県、西南戦争、憲法公布、議会開設と続き、さらに日清・日露戦争に勝利。明治天皇は、常に大本営で指揮に当たった。

明治44年（1911）には、開国以来の懸案だったイギリスやアメリカなど、各国との不平等条約の改正も終わり、名実ともに日本は列強の一員となる。それを見届けるかのように明治45年、天皇は崩御。

天皇の大権を濫用せず、政府の傀儡《かいらい》にもならず、自らの意志で日本の近代化を牽引した59年の生涯であった。

孝明天皇《こうめいてんのう》（１８３１～１８６７）

第１２１代天皇。明治天皇の父。幕末から維新と続く激動の時代を生きた。名は統仁《おさひと》。

天保2年（１８３１）、仁孝天皇の第四皇子として誕生。熙宮《ひろのみや》と命名された。

弘化3年（１８４６）、仁孝天皇の崩御により践祚。安政5年（１８５８）、日米修好通商条約の調印勅許を求めて、堀田老中が上洛するため、急遽、近衛忠熙以下に開国か鎖国か下問をするが、どちらとも決められず、「定見なし」であった。徳川斉昭の義兄である鷹司太閤は開国を主張するが、孝明天皇は容れなかった。

さらに、公武合体論が主流になると、京都所司代の酒井忠義は、天皇の妹・和宮の将軍家降嫁を奏請。いったん天皇は拒否するが、数度の奏請を受け、鎖国と攘夷実行の条件つきで承知する。

その後、幕府、会津、薩摩、長州等の諸藩、公家、志士たちの権力を巡る争奪戦に朝廷も巻き込まれて行くと、孝明天皇自身の権威も低下してゆく。

慶応元年（１８６５）、攘夷の最大の要因は天皇の意志とみた諸外国は、艦隊を大坂湾に入れて条約の勅許を要求。天皇も事態の深刻さをようやく悟る。

そんな状況の中、あくまで公武合体を望む天皇に批判的な声が噴出。岩倉具視も、国内の対立の根幹は天皇にあると示唆するなど、天皇の心労は極限に達し、慶応2年、崩御となった。死因は天然痘と診断されたが、毒殺が通説となっている。

有栖川宮熾仁親王《ありすがわのみやたるひとしんのう》

（1835～1895）

明治新政府の成立に至るまで、朝廷内で三条実美とともに、長州系の攘夷派として活躍。また、公武合体実現のため、14代将軍家茂に降嫁した皇女・和宮の婚約者として知られる。

戊辰戦争では、東征軍大総督として、かつての許嫁《いいなずけ》の嫁ぎ先である徳川家を敵にまわすことになるとは、歴史の皮肉としかいいようがない。この和宮との婚約解消は明治以降、小説や講談などで脚色され、色々な伝説を生み出すこととなる。

天保6年（1835）、有栖川宮幟仁親王の第一王子として誕生。幼名は歓宮《よしのみや》。

慶応3年（1867）に即位した明治天皇を助け、新政府が樹立されると、三職が新たに設けられ、最高職である総裁に就任。翌年の鳥羽伏見の戦いで始まった戊辰戦争では、自ら東征軍大総督を志願し、西郷隆盛らに補佐されながら東海道を下り、江戸城の無血開城となる。

明治新政府では兵部卿、福岡県知事、元老院議長などを歴任し、明治10年（1877）の西南戦争では、鹿児島県逆徒征討総督に就任、新政府軍を指揮。かつての盟友・西郷と対峙することとなる。

その後、ロシアのアレクサンドル3世の即位式に天皇の名代として出席するなど、明治天皇から絶大な信頼を受ける。

明治27年、日清戦争が勃発すると、参謀総長として広島の大本営に下ったが、腸チフスを発症。戦争の勝利を待たずに61歳で死去。葬儀は国葬となった。

幕府

勝《かつ》海《かい》舟《しゅう》（１８２３～１８９９）

長崎海軍伝習所

明治維新の際、新政府軍の西郷隆盛と幕府代表として会談、新政府軍に江戸総攻撃を中止させ、江戸の民１５０万を戦火から守った。

文政６年（１８２３）、江戸本所亀沢町の父の実家である男谷家で、勝小吉の長男として生まれた。通称は麟太郎《りんたろう》。

幕末に武家官位である安房《あわ》守《のかみ》を名乗ったことから勝安房《かつあわ》として知られる。また幕末の剣客・男谷精一郎は血縁上、また従兄《いとこ》にあたる。

10代の頃から島田虎之助に入門し、剣術と禅を学び、直心影流剣術の免許皆伝を受ける。16歳で家督を継ぎ、22歳から永井青崖に弟子入りし、蘭学を学んで江戸赤坂田町に私塾「氷解塾」を開く。この蘭学修行中に辞書『ドゥーフ・ハルマ』を１年かけて２部筆写し、１部は売って金を作るため、１部は自分のためであったという、有名な話がある。

嘉永６年（１８５３）、ペリーが来航して開国を迫ると、老中首座の阿部正弘は、海防に関する意見書を幕臣はもとより、諸大名から町人に至るまで幅広く募集した。

勝の意見書が阿部の目に留まることとなり、海防掛だった大久保一翁の知遇を得たことにより、異国応接掛附蘭書翻訳御用に任じられ、勝の人生は大きく拓ける。

大久保の推挙により、出来たばかりの長崎海軍伝習所に入所。オランダ語がよく出来たため教官も兼ね、伝習生とオランダ人教官の連絡役も務めた。足かけ5年を長崎で過ごしたこの時期、薩摩藩主・島津斉彬の知遇を得て、これがのちの勝の人生に大きな影響を与える。

また、世の中は安政の大獄で大きくゆれていたが、長崎の勝には全く影響がなかった。安政6年（1859）、江戸に戻ると軍艦操練所教授方頭取に命じられ、新たに発足した軍艦操練所で海軍の技術を教える。

太平洋横断

そして万延元年（1860）、幕府は日米修好通商条約の批准《ひじゅん》書交換のため、遣米使節をアメリカへ派遣することになった。正使・新見正興、副使・村垣範正、目付・小栗忠順らが選ばれ、アメリカ海軍のポーハタン号で太平洋を渡ることが決まった。

この時、護衛と言う名目で幕府軍艦・咸臨丸も伴走して、サンフランシスコに渡ることになり、その艦長に選ばれたのが、勝だった。

行きこそアメリカ海軍のジョン・ブルック大尉も乗艦したが、帰国は勝たち日本人の手だけで成し遂げられた。同行した福澤諭吉は「日本人の手で成し遂げた壮挙」と自讃している。

政治、経済、文化、どれをとっても日本よりはるかに進んだアメリカの姿に、勝は大変な衝撃を受け、日本の近代化こそ急務と痛感する。

文久2年（1862）、島津久光の力によって公武合体派が勢いをふき返し、松平春嶽の政治総裁、一橋慶喜の将軍後見職が実現すると、勝も軍艦奉行並に就任。早急な幕府海軍の強化策を建言、人材の登用と育成を説く。

しかし勝の理想は、幕府だけの海軍ではなく「日本の海軍」だったため、幕府内で次第に孤立して行くが、軍事奉行に昇進した勝は、坂本龍馬を塾頭として神戸海軍操練所を開く。

　その間、京都では禁門の変が起こり、第一次長州征伐へと続くと、幕府に批判的だった勝の立場も危うくなり、軍艦奉行を罷免され、2年の蟄居生活を余儀なくされることとなる。脱藩浪人を多く抱えていたことなどを理由に、神戸海軍操練所も翌年に閉鎖された。

西郷と会う

　勝が西郷隆盛と初めて会ったのはこの時期とされる。神戸港の開港延期を心配した西郷に、勝は熱っぽく自論を語った。

　西郷は、「勝氏と初めて面会したが実に驚き入った。どれだけ知略があるか知れぬ人物にてひどく惚れ申した」と、勝を賞賛する書状を大久保利通に送っている。

　慶応2年（１８６６）、長州と幕府の緊張関係が極限に達すると、勝はふたたび軍艦奉行に復帰。

　将軍・家茂が死去し、一橋慶喜が15代将軍に就くと、京都へ呼び出され、第二次長州征伐の停戦交渉を任される。

　長州の井上馨らを相手に、勝は単身、宮島での談判に臨むが、連戦連敗の幕府の劣勢を、長州に読まれ交渉は難航。さらに慶喜が停戦の勅命を引き出したことにより、腹を立てた勝は、御役御免を申し出て江戸に帰ってしまう。

　慶喜の大政奉還のあと、慶応4年（１８６８）、戊辰戦争が幕をあけ、鳥羽伏見の戦いで幕府軍が敗退。錦の御旗《みはた》を掲げ、新政府軍が東征を開始すると、それに対応するだけの能力を持った人材のいない幕府は、三たび勝を呼び戻す。徹底抗戦を主張する小栗忠順を罷免した慶喜は、勝を陸軍総裁に登用し、新政府軍との交渉の一切を勝に委ねた。

江戸城無血開城

新政府が駿府まで迫ると、勝は早期停戦と江戸城の無血開城を主張、ここに歴史的な和平交渉が始まる。

まず、山岡鉄舟を駿府の西郷のもとに遣わし、停戦の基本条件を整えさせ、総攻撃の2日前に江戸で西郷と会談、江戸城開城の手はず、徳川家の今後などを詰め、ついに江戸総攻撃は中止となった。前代未聞の、江戸城下での市街戦という事態は、回避されたのである。

勝は交渉にあたり、英国公使のパークスを抱き込んで、新政府側に圧力をかけさせ、万一、交渉が決裂した時は、江戸の住民を全員千葉に避難させた上で、新政府軍を市内に誘い込んで、江戸火消しの親分・新門辰五郎に火を放たせ、武器や兵糧を焼き払ったところに、掃討戦を仕掛け、江戸の町もろとも新政府軍を全滅させるという、江戸焦土作戦の準備を整えて、西郷に決断を迫った。

明治維新後は、勝は旧幕臣の代表として外務大丞、兵部大丞、海軍卿、元老院議官などの要職を歴任し、伯爵に叙された。

征韓論をきっかけとした明治6年の政変で、西郷らが下野したあと、海軍卿に就くが、台湾出兵に反対して辞任。以降、政治とは関わらなくなる。

また、幕末には何度となく意見が対立した徳川慶喜の赦免にも尽力した。そして謹慎を解かれた慶喜は、明治31年、明治天皇に拝謁を許され公爵を授けられる。

晩年の勝は、赤坂氷川の地で過ごし、『吹塵録』『海軍歴史』などの著作に専念した。中でも『氷川清話』は「氷川の大ぼら吹き」といわれた勝の自慢話が多いが、当時の記録書として貴重なものである。

明治32年、脳溢血により倒れそのまま息を引きとった。墓所は洗足池公園にある。

榎本武揚《えのもとたけあき》

（1836～1908）

オランダ留学

　戊辰戦争最後の箱館戦争を戦った幕臣。北海道に蝦夷《えぞ》共和国を設立、総裁となった。逆賊の徒ながら、維新後、新政府に登用され、文部大臣、外務大臣、農商務大臣など数々の要職を歴任し、その誠実な姿勢は、「明治最良の官僚」と謳われた。

　天保7年（1836）、江戸下谷御徒町で伊能忠敬の弟子で、西丸御徒目付・榎本武規の次男として生まれた。通称は釜次郎。幼い頃から聡明で、15歳で全国から秀才が集まる昌平坂学問所に入り、2年後に卒業するが、卒業の時の成績はなんと最低の丙《へい》であった。

　安政4年（1857）、2年前に出来た長崎海軍伝習所に2期生として入学。同時期に勝海舟もいる。海軍伝習所では、オランダのカッテンディーケやポンペらから機関学、化学などを学んだ。

　翌5年、海軍伝習所を修了し、江戸に戻って築地軍艦操練所教授となる。同時にジョン万次郎から英語を学び、のち箱館戦争をともに戦う幕臣の大鳥圭介と知り合う。

　幕府は、文久2年（1862）、オランダに蒸気軍艦（開陽丸）を発注するのに合わせ、榎本や内田正雄、澤太郎左衛門らをオランダに留学させる。同年6月、一行は咸臨丸で品川沖から出発するが、暴風雨にあったり座礁したりして、翌年の4月、ようやくオランダ・ロッテルダムに到着。当時、海軍大臣に出世していたカッテンディーケらと劇的な再会を果たす。

　カッテンディーケはその著『長崎海軍伝習所の日々』の中で、「榎本釜次郎氏のごとき家柄の人が、2年来、一介《いっかい》の火夫《かふ》、鍛冶工《かじこう》及び機関部員として働いているということは、まさに当人の勝れたる品性と熱心を物語る証左である。これは何よりも、この純真にして快活なる青年を一見みればすぐに判る」と榎本を絶賛している。榎本はハーグに下宿し、軍艦操縦術、砲術、蒸気機関術、さらに国際法を熱心に学んだ。

　5年間の留学を終えた慶応3年（1867）、榎本ら留学生は竣工なった開陽丸を操縦して横浜港に帰着する。ただちに幕府に召し出され、100俵15人扶持《ぶち》、開陽丸乗組頭取（艦長）に任ぜられ、さらに軍艦頭になる。そして翌年には、海軍副総裁に任じられるというスピード出世である。

蝦夷共和国

　しかし、幕府はすでに崩壊寸前だった。大政奉還、王政復古、鳥羽伏見の戦い、江戸城無血開城と続く。

　新政府軍は降伏条件のひとつである旧幕府艦隊の引き渡しを要求するが、榎本は拒否、伊庭八郎が率いる遊撃隊を乗せ、悪天候を口実に、品川沖から脱走する。

　勝海舟の説得により、一度品川沖へ戻り4隻を引き渡すが、開陽などの主力船の温存に成功。徳川宗家を継いだ徳川家達の駿府移住を見届けると、抗戦派の旧幕臣とともに、8艦からなる旧幕府艦隊を率いて江戸を脱出。政府軍に抵抗する奥羽越列藩同盟を結んだ諸藩の支援に向かう。

この艦隊には、元若年寄・永井尚志、陸軍奉行並・松平太郎などの旧幕臣や、フランス軍事顧問団の2人など、総勢2000人以上が乗船していた。途中、房総沖で暴風雨に襲われ、艦隊は離散、咸臨丸ほか2隻を失うが、順次仙台に到着。しかし、すでに仙台藩が降伏を決定した後だった。仙台で桑名藩主・松平定敬、大鳥圭介、土方歳三など旧幕臣、新選組の生き残り約3000名を収容し、蝦夷地へと出航する。

この時榎本は、新政府軍に対し、旧幕臣の救済とロシアの侵略に備えるため、蝦夷地を開拓するという内容の嘆願書を提出している。また、横浜在住のアメリカ人でハワイ王国総領事であったユージン・ヴァン・リードから、ハワイへの亡命を勧められたが断っている。

慶応4年（1868）10月、蝦夷地に着いた旧幕府軍は、箱館の北、鷲ノ木（いまの森町）に上陸する。そして二手に分かれて箱館へ進撃を開始、各地で抵抗する新政府軍を次々と撃破し、五稜郭に入城。その後、松前藩を攻撃、旗艦の開陽丸を座礁により失ってしまうが、12月に榎本は蝦夷地平定を宣言。そして新政府に与しない新しい国「蝦夷共和国」を樹立。

アメリカの例にならい、士官クラス以上の選挙により、榎本が初代の総裁に就任。副総裁・松平太郎、陸軍奉行・大鳥圭介、海軍奉行・新井郁之助、陸軍奉行並・土方歳三という陣容となった。

しかし、翌明治2年（1869）4月、新政府の大軍が上陸してくると、旧幕府軍は箱館周辺にまで追い詰められる。5月の総攻撃で箱館市街を制圧した新政府軍は、降伏勧告の使者を送るが、榎本は拒否。

ただ、オランダ留学時代から大切に持っていた『海律全書』が戦火で失われるのを避けるため、これを新政府軍の参謀・黒田清隆に贈った。

これに感動した黒田から、いずれ翻訳して世に出すという書状と酒が送られてくる。これが死ぬまで続く榎本と黒田の友情の始まりであった。

これに応えて榎本は降伏を決意、黒田と会見し降伏を申し出る。1年半に及んだ戊辰戦争は終わりを告げた。

新政府で活躍

榎本は東京に護送されて収監されるが、その処置に対して新政府内は紛糾、木戸孝允ら長州閥は極刑を求めるが、榎本の才能を評価していた薩摩の黒田や西郷らが助命を主張、両者相容れぬまま、時だけが過ぎた。

明治5年、ようやく特赦により出獄、放免となり、黒田が次官を務めていた開拓使に四等出仕として任官。以降、その国際政治などの知識を買われ、新政府の要職を次々とこなして行った。明治7年には駐露特命全権大使となり、ロシアと樺太・千島交換条約を締結、同16年には駐清特命全権大使となり、伊藤博文を支え、天津条約締結に尽力する。

内閣制度が発足すると、逓信《ていしん》大臣を始め、農商務大臣、文部大臣、外務大臣と次々重要閣僚を歴任し、子爵まで授けられた。旧幕臣ながらこうした栄達をめざす生き方を、福澤諭吉などは痛烈に批判したが、榎本は一切弁解しなかった。

ひたすら自らの知識と経験を、明治の新国家のために活かすことに専念した。炭鉱や油田の開発、東京農業大学の設立など、榎本が手がけた事業も多い。

特筆すべきは、一生涯、かつて箱館五稜郭で一緒に戦った仲間たちや、その家族たちの生活の面倒を見たことだろう。明治のジャーナリスト鳥谷部春汀に「江戸っ子の代表的人物」と評されたように、執着心に乏しく、野暮が大嫌い、正直で義理がたく、涙もろい人物であったという。明治41年、腎臓病で死去。葬儀は海軍葬で行われた。

徳川慶喜《とくがわよしのぶ》

（１８３７～１９１３）

徳川幕府15代将軍にして最後の将軍。「よしのぶ」だが「けいき」と読まれる方が多い。慶応3年（１８６７）、大政を奉還して、２７０年にわたる徳川時代に終止符を打った。

天保8年（１８３７年）、江戸小石川の水戸藩邸に9代藩主・徳川斉昭の七男として生まれた。幼名は七郎麿。

斉昭は「子女は江戸の華美な風俗に馴染まぬように国許で教育する」という水戸家の教育方針に則り、生後7カ月で江戸から水戸に移される。

斉昭は当初、慶喜を他家の養子に出さず、長男の控えとして、手許に置いておこうと考えていたらしいが、12代将軍・家慶の意向により、御三卿・一橋家を相続、家慶から一字をもらい、一橋慶喜と名乗る。その英邁さは、早くから評判を呼び「家康公の再来」とまでいわれた。

黒船来航の混乱が続く嘉永6年（１８５３）、将軍・家慶が病死、その跡を継いだ家定も病弱ということで、将軍継嗣問題が浮上する。

慶喜を推す斉昭や島津斉彬らと、紀州の徳川慶福を推す井伊直弼が対立。しかし、阿部正弘や島津斉彬が相次いで死去すると、大老となった井伊の裁定で、将軍は慶福（家茂）と決した。

慶喜本人は将軍就任を望んで

いたわけではなく、「将軍になって失敗するより最初からならない方がいい」という手紙を斉昭に送ってもいる。

さらに井伊は、勅許を得ずに日米修好通商条約に調印、斉昭や松平春嶽らとともに詰問におしかけた慶喜を、隠居謹慎処分にする。安政の大獄の始まりである。

この日は三卿の登城日であり、斉昭や春嶽と違って、慶喜は不時登城ではなく、罪状は不明のままの処分であった。

安政7年（1860）、桜田門外の変で井伊が死ぬと、謹慎は解かれ、幕政での慶喜の活躍が始まる。

薩摩の島津久光が藩兵を率いて江戸入りし、幕府の首脳人事へ介入、慶喜を将軍後見職に任命することに成功。慶喜はただちに幕政改革を断行、京都守護職を設置、朝廷との協議にのり出す。

八月十八日の政変で、尊王攘夷を掲げる長州勢力が一掃され、公武合体派の諸侯、幕閣による参与会議が開かれると、慶喜もこれに参加するが、ここで島津久光、松平春嶽と対立、参与会議は解体され、慶喜も将軍後見職を辞任。

そして元治元年（1864）、禁門の変が起こると、自ら御所守備軍を指揮し、鷹司邸を占領していた長州藩兵を攻撃、戦火の中、馬にも乗らず敵陣に突入した。実際に戦場で敵と切り結んだ歴代将軍は、家康を除いては慶喜ひとりしかいない。

禁門の変を機に慶喜は、それまでの攘夷派との融和的態度を放棄し、会津、桑名藩との提携が本格化する。「一会桑」体制の実現である。

慶応2年（1866）、慶喜は第2次長州征伐の勅命を得るが、薩長同盟を結んだ薩摩藩の出兵拒否もあり、幕府軍は連戦連敗。その間に将軍・家茂は大坂城で逝去、ついに慶喜が15代将軍に就く。

将軍に就任した慶喜は、会

津、桑名の軍事力を背景に、京都を離れず、老中をはじめ幕臣たちを上洛させるなど、政治の中心は江戸から京都に移った感があった。

さらに小栗忠順をはじめ、幕府改革派と組んで、フランスから資金を借り、横須賀製鉄所や造船所などを設立、大胆な幕政の改革にのり出した。

しかし慶応3年、薩長が武力倒幕に進む気配を察すると、土佐の山内容堂の案を受け入れ、二条城に在京諸侯を集めた席で大政を奉還する。

慶喜の構想は、二院制を開き、自身は上院議長となって徳川を盟主とする新政府の樹立であった。だが、徹底した武力倒幕を目指す薩長は慶喜を排除した新政府樹立を宣言、慶喜に幕府領の返納を求める。

慶応4年1月、薩摩藩の挑発に乗った慶喜は、会津、桑名兵を率いて進軍、鳥羽伏見の戦いを端緒として戊辰戦争が始まる。

しかし形勢不利と見るや、自らが指揮をする幕府軍に「一兵になるまで退いてはならぬ」と厳命しながら、自分は松平容保や老中の板倉勝静を伴って開陽丸で、海路、江戸に退却する。

そして、慶喜を朝敵とする追討令が正式に下ると、有栖川宮熾仁親王に率いられた新政府軍が東征を開始する。

慶喜は小栗らの抗戦派を抑えて恭順を表明、勝海舟に事態の収拾を一任して、上野寛永寺に謹慎する。

勝と西郷との会談により、江戸は戦火から救われ、慶喜は水戸へ、さらに駿府に移って謹慎。徳川家による政権は幕を閉じた。

明治2年、戊辰戦争の終結に伴い謹慎を解かれ、静岡と名を変えた駿府に居住。写真、狩猟、投網、謡曲など、趣味の世界に没頭、静岡の人から「ケイキさま」と呼ばれ親しまれた。のち、東京小石川の高台の屋敷に転居、ここが終焉の地となった。

井《い》伊《い》直《なお》弼《すけ》（1815～1860）

幕末の徳川幕府で、大老を務めた15代彦根藩主。日本の開国を断行、安政の大獄で反対勢力を粛清するが、桜田門外の変で暗殺される。

文化12年（1815）、近江国（いまの滋賀県）13代彦根藩主・井伊直中の14男として彦根城で生まれた。兄弟が多かった上に庶子であったため、養子の口もなく、17歳から15年間を300俵の部屋住みとして過ごす。埋木舎《うもれぎのや》と名づけた住居で、世捨て人のように暮らした。ところが兄・直亮の世子が死去、兄の養子という形で彦根藩の後継者に決定。兄の死後、36歳という高齢で藩主となった。

その後、幕閣では老中首座の阿部正弘が従来の譜代大名中心の政治から、水戸の徳川斉昭や越前の松平春嶽など雄藩と連携する方式に移したため、斉昭は海防掛の顧問として幕政に参加することとなり、攘夷を強く訴える。これに溜《たまり》詰《づめ》諸侯の筆頭だった開国派の井伊が強く反発、両者の対立は日米和親条約の締結をめぐり、頂点に達した。

さらにこれに将軍継嗣問題がからむ。井伊の推す紀伊藩主・徳川慶福に対し、斉昭や春嶽は、斉昭の実子である一橋慶喜を強く推し、抜き差しならぬまでになった。そんな中、安政5年（1858）、慶福を推す南紀派の政治工作により、井伊は大老に就任。勅許のないまま日米修好通商条約は調印され、さらに継嗣問題でも徳川慶福に決定し、慶福は名を家茂と改めて、14代征夷大将軍の宣下を受ける。

この一連の井伊の動きに憤った水戸藩士らが、朝廷に働きかけた結果、孝明天皇は同年、幕府政治を非難する戊午《ぼご》の密勅を水戸藩主・徳川斉昭に下す。この前代未聞の、朝廷の政治関与に対し、井伊はこれを幕府転覆を謀る陰謀とみて、厳しい態度で取り調べを始める。

まず密勅事件の首謀者として、小浜藩士・梅田雲浜が捕縛された。さらに井伊は、橋本左内や吉田松陰、頼三樹三郎などの倒幕を唱える尊王攘夷の志士、そして公卿・皇族、無断で登城した徳川斉昭や松平春嶽、一橋慶喜、また閣内でも井伊の方針に反対した老中・久世《くぜ》広周《ひろちか》などに処刑、謹慎、免職の処分を下した。その数は１００名を越えたという。安政の大獄である。

こうした井伊の政策は反対勢力の怨嗟《えんさ》の的となり、ついに安政７年（１８６０）３月３日、桜田門外の変となる。

午前９時、井伊を乗せた駕籠は、雪の中を彦根藩邸を出て江戸城に向かった。供まわりの徒《か》士《ち》、足軽など60余名の行列が、桜田門外の杵築《きつき》藩邸の前を通り過ぎようとした時、関鉄之介を中心とする水戸脱藩浪士17名と薩摩藩士・有村次左衛門の計18名による襲撃を受ける。駕籠に何度も刀を突き刺されて瀕死の井伊は、駕籠から引きずり出されて首を刎ねられた。46歳であった。

混乱を恐れた幕府によって暗殺は秘密裡とされ、表《おもて》向きは負傷によりしばらく休養とされた。墓所の没日も３月３日ではなく３月28日としている。井伊は３月末日に大老職を罷免され、その死は公表された。

ちなみにＮＨＫの大河ドラマ第1作は、井伊直弼を主人公にした『花の生涯』(尾上松緑主演・舟橋聖一原作）であり、平成29年の大河『おんな城主・直虎』は、井伊家のルーツを扱ったドラマで、直虎の育てた井伊直政は彦根井伊家の祖である。

小栗忠順《おぐりただまさ》（１８２７〜１８６８）

英才の誉《ほま》れ高かった幕臣。外国奉行、江戸南町奉行、勘定奉行などを歴任。小栗上野介《こうずけのすけ》の名で知られる。勘定奉行時代に徳川の大金を隠したという「徳川埋蔵金伝説」の主役である。

文政10年（１８２７）、禄高２５００石という大身旗本・小栗忠高の子として、江戸駿河台の屋敷で生まれる。幼少時は暗愚でいたずら好きな悪童と思われていたが、長じるにおよび、才能を開花させた。

文武の才を注目され、天保14年（１８４３）、17歳で江戸城に上がり、若くして両御番となる。率直な物言いが禍《わざわい》となり、幾度も役職を変えられたが、その都度手腕を惜しまれて、ふたたび役職に戻されている。

嘉永6年（１８５３）、ペリーが来航すると、外国との積極的通商を主張し、造船所設立の構想を持ったといわれる。

安政7年（１８６０）、日米修好通商条約批准書交換のため、遣米使節団がポーハタン号で渡米することとなると、小栗は目付（監察）として乗船。正使は新見正興であったが、外国人との接触が豊富な小栗が落ち着いていたため、たびたび正使と間違えられたという。帰国後、外国奉行に就任する。

翌々年、勘定奉行に転進し、幕府財政の立て直しを指揮。海軍力の強化をはかり製鉄所建設を提案、反対も多かったが将軍・家茂はこれを承認。慶応元年（１８６５）、横須賀製鉄所の建設が始まる。費用は4年継続で総額２４０万ドルという、財政が逼迫《ひっぱく》している幕府にとって、とてつもない大事業であった。

さらに小栗は、陸軍の力も増強するため、小銃、大砲、弾薬等の兵器の国産化を推進。湯島大小砲鋳立場を幕府の直轄とし、武田斐三郎など気鋭の技術者を新たに登用、滝野川反射炉の一角に、日本初の西洋式火薬工場も建設した。

また経済面では、慶応2年に関税率改訂交渉に腕を振るい、日本全国の商品流通を促すため、大手商社の設立を提案したりした。

慶応3年、徳川慶喜が大政を奉還し、鳥羽伏見の戦いが始まる。敗北した慶喜を迎えての江戸城での評定において、榎本武揚、大鳥圭介、水野忠徳らとともに小栗は徹底抗戦を主張。この時の小栗の提案は「新政府軍が箱根に入ったところを陸軍で迎撃、同時に榎本率いる幕府艦隊が駿河湾から艦砲射撃し殲滅《せんめつ》する」というもので、のちにこれを聞いた新政府軍の大村益次郎は、「それが実行されていたら、いまごろ我々の首はなかったであろう」と恐れたという。結局、慶喜はこの策を受け入れず、恭順策をとった。

御役御免となった小栗は、自領である上野国（いまの群馬県）権田村への土着願いを提出。のち三井財閥中興の祖といわれた旧知の三野村利左衛門から千両箱を贈られ、アメリカへの亡命を勧められるが、これを丁重に断り、一家そろって権田村の東善寺に移り住む。当時の村人たちの記録によると、水路を整備したり、塾を開いて農村の子供に読み書きを教えたり、静かな生活を送っていたという。

しかしそのわずか1ヵ月後、新政府軍に捕らえられ、大砲2門と鉄砲を持っていたことで、取り調べもなしで斬首された。享年42、不運な死であった。

後年、大隈重信は「明治政府の近代化政策は、小栗忠順の模倣にすぎない」と、小栗の才を高く評価している。

松平容保《まつだいらかたもり》
（１８３６～１８９３）

陸奥《むつ》国（いまの福島県）会津藩の9代藩主。英才として名高かった高須四兄弟のひとり。幕末の京都守護職、そして会津若松落城と、悲運の将として知られる。天保6年（１８３５）、江戸の高須藩邸で、松平義建の六男として生まれる。

10歳で実の叔父にあたる会津藩8代藩主・容敬の養子となり、江戸の藩邸に迎えられた。藩邸の女性が大騒ぎするほどの美貌の少年だったという。

藩主・容敬から会津の家風に基づく教育を受ける。それは藩祖である保科正之（3代将軍・家光の異母弟）からの家訓である徳川家への絶対随順から成り立っており、のちの容保の行動指針となった。文久2年（１８６２）、再三の固辞にもかかわらず新設された京都守護職に推されると、藩兵１０００人を率いて上洛、京都を死に場所にする覚悟だったという。

当時、京都は尊王攘夷が横行し、混乱の極みにあった。その目的が倒幕であると見た容保は、新選組を会津藩預かりとし、浪士たちの厳しい取りしまりを行う。攘夷は願うが倒幕には反対という公武合体派の孝明天皇は容保を深く信頼、容保もこれに応え、馬揃えを催しては天皇の御供覧《ごきょうらん》に付したという。また容保は、天皇からの御宸翰《ごしんかん》をいつも竹筒に入れて、肌身離さずに持っていたといわれる。

しかし、その孝明天皇の崩御のあと、将軍・慶喜による大政の奉還があると容保の運命も一転する。鳥羽伏見の戦いに敗れた容保は、慶喜に従って大阪城から船で江戸に戻り、さらに会津に帰国、慶喜の恭順にならい、城下の御薬園で謹慎した。

一方、勝と西郷の会見により江戸城総攻撃が中止となると、新政府軍は振り上げた拳《こぶし》の落とし所がなくなり、逆賊の汚名を着せ標的を会津に定める。

迫り来る新政府軍に対し、慶応4年（1868）東北諸藩は、越後長岡藩を加えて奥羽越列藩同盟を結んで迎え撃つが、7月に入ると磐城平、三春、二本松、長岡と次々と城は落ち、会津戦争へと突入する。

8月、破竹の勢いで進んだ新政府軍は、若松城下に侵入、籠城が始まった。そして1ケ月あまりの籠城戦の中、会津藩は婦女子、子供に至るまで戦い、最後は自決という会津の武士道に殉ずる道を選び、多くの悲劇を生んだ。とくに婦女子の自刃は140家族にものぼった。

対する政府軍は大砲100門、3万ないし4万といわれた軍勢は、城を包囲し、砲弾を打ち続けた。9月、会津藩降伏、若松城開城。容保は妙国寺へ移されたのち東京へ護送される。

明治5年（1872）、罪を許され、同13年、日光東照宮の宮司となり、上野東照宮祠官を兼ねるなど、その生涯は徳川家に捧げたものだった。

「京都守護職であられた会津中将さん（容保）はとても美男子で、男が見てもほれぼれするような人でした。黒谷さん（会津本陣があった金戒光明寺）から御所さんにおいでの時を、私は烏丸《からすま》通りで見たことがありましたが、真っ白い馬に乗って、真っ赤な陣羽織を羽織って、烏帽子《えぼし》を冠り、新選組を従えて、馬のお口は近藤勇が取り、右手には虎徹《こてつ》とかいう刀を、抜き身で持っておりました。会津中将さんのお通りだというと、若い女はわれ先にと表に飛び出して行ったものですよ」。

京都の故老が残した回想録である。

河井継之助《かわいつぎのすけ》（１８２７〜１８６８）

越後国（いまの新潟県）長岡藩・牧野家の家臣。号は蒼龍《そうりゅう》窟《くつ》。幕末、新政府軍を迎え打った北越戦争を指揮。長岡城落城のあと会津に逃れる途中、会津塩沢で死去。

文政10年（１８２７）、長岡城下の長町で河井代右衛門秋紀の長男として生まれる。

嘉永５年（１８５２）、江戸に遊学。同藩の小林虎三郎、三島億二郎が入門していた佐久間象山の塾に入る。ペリー来航に際し、当時老中だった藩主・牧野忠雅に意見を求められた際、河井の建言が藩主の目にとまり、新知30石を与えられて御目付格評定方随役に任命されたのち、帰藩を命じられる。

安政６年（１８５９）、再び江戸に遊学、古賀謹一郎の久敬舎に入る。さらに、備中松山藩の山田方谷に学ぶための旅に出る。ここで山田の言行一致の藩政改革の成果を見て、深く山田に心酔する。

文久２年（１８６２）、藩主・牧野忠恭が京都所司代になると、河井も京都詰となり上京。さらに忠恭は老中に任命され、河井は公用人として江戸詰となる。その後、外様吟味役から郡奉行に就任。ここから藩政改革に着手、農政改革、兵制改革などを断行して行った。

そして、徳川慶喜が大政を奉還すると時局は大きく動く。武力による倒幕を目指す薩長は、王政復古の大号令を発し、鳥羽伏見の戦いを皮切りに戊辰戦争へと続く。大坂から急ぎ江戸に戻った河井は、江戸藩邸を処分、家宝などを売ってすべて金に換え、ガトリング砲、アームストロング砲などの最新兵器を購入し、長岡へ帰還する。

　新政府軍が長岡に迫ると、河井は、長岡藩の武装中立を宣言し、小千谷の新政府軍本陣に乗り込み、軍監だった土佐の岩村精一郎と会談。「貴殿が真の官軍なら恭順するが、私的な制裁や権力の強奪が目的なら長岡領内への侵入は断る」という河井の言葉に、岩村は一切反論が出来ず、河井を罵倒するだけで談判は決裂し、戦闘に突入する。

　当時の長岡藩は、藩論が必ずしも統一されていなかったが、恭順を主張する首席家老の稲垣茂光が直前に出奔、次席の山本義路らは終始河井に協力。こうした上級家臣の動きと藩主の深い信頼の下に、河井継之助は名実ともに開戦の全権を掌握し、上席家老、軍事総督となる。

　当初は河井の巧みな用兵により、新政府軍と互角に戦ったが、政府軍の絶対的な兵力の前に徐々に押され、長岡城は落城。一度は城を奪還するが、４日後にふたたび長岡城は陥落、河井らは会津へ向かって落ちのびる。

　塩沢村（いまの福島県只見町）に到着すると、流れ弾から受けた傷が悪化し、立ち上がれなくなった。従僕の松蔵を呼び、自らの棺《ひつぎ》を作らせ火葬の仕度《したく》を命じた。翌日、談笑したあとひと眠りすると、そのまま目を覚ますことなく死去。

　そのあと、残った長岡藩兵を率いて会津に向かったのが、河井の副官、家老の山本帯刀《たてわき》だった。会津に到着したわずかの長岡兵は、会津藩兵とともに戦うが全滅、山本は捕らえられ斬首される。

　断絶となった山本家を大正４年（１９１５）相続するのが、当時、海軍大学に在籍し、将来を期待された高野五十六、のちの太平洋戦争で真珠湾奇襲を指揮した連合艦隊司令長官・山本五十六である。

山岡鉄舟《やまおかてっしゅう》
（1836～1888）

剣・禅・書の達人として知られる幕臣。勝海舟、高橋泥舟とともに「幕末の三舟」のひとり。通称は鉄太郎。幼少から武芸に秀で、直心陰流、北辰一刀流を学び、一刀正伝無刀流の開祖となる。愛刀は粟田口国吉。

天保7年（1836）、江戸本所で蔵奉行・小野朝右衛門高福の四男として生まれる。飛騨奉行となった父に従い、幼少時を飛騨高山で過ごす。父の死により江戸へ帰り、安政2年（1855）、講武所に入り千葉周作に剣術を、山岡静山に槍術を学ぶ。静山急死のあと、実弟の高橋泥舟らに望まれて、静山の妹・英子《ふさこ》と結婚、山岡家の婿養子となった。

文久2年（1862）、上洛する将軍・家茂の先供《さきども》として浪士組が清河八郎によって結成されると、取締役として参加。これが新徴組、新選組へとつながっていく。

しかし、清河の動きを警戒した幕府により、浪士組は呼び戻され、山岡は彼らを引きつれて江戸に帰った。その後、清河は暗殺され、山岡もこれに関わったとして謹慎処分を受ける。

その後、大政を奉還した徳川慶喜は、慶応4年（1868）、江戸城での重臣会議で恭順の意を表し、勝海舟に全権を委ねて、上野寛永寺に籠った。

この状況を駿府にいる征討大総督府下参謀の西郷隆盛に伝える使者として、白羽の矢が立ったのが山岡だった。

この時、刀がないほど困窮していた山岡は親友の関口隆吉《たかよし》に大小を借りて、新政府軍の陣営に駆け込んだ。諸藩の兵が警備する中を「朝敵・徳川慶喜家来、山岡鉄太郎まかり通る」と大声で叫んで通ったという。

西郷に勝の手紙を渡し、慶喜の意向を述べ、朝廷に取り計らってくれるよう懇願した。この時、「江戸城を明け渡す」など、5つの条件が出されたが、最後が「将軍・慶喜は備前藩に預ける」というものであった。

この最後の条件だけ山岡が拒むと、朝命であると西郷は凄んだが、山岡は「もし島津侯が逆の同じ立場だったら、あなたはこの条件を受け入れるのか」と反論。単身敵陣に乗り込み、身を挺して主君への忠義を貫かんとする山岡の赤誠に、心を動かされた西郷は、この主張を認める。これによって奇跡ともいわれた江戸城無血開城への道が開かれた。

明治維新後は、宗家を継いだ徳川家達に従って駿府に下った。そこで侠客の清水次郎長と意気投合する。

明治4年（１８７１）には、新政府に出仕、静岡県権大参事、茨城県参事、伊万里県権令などを歴任。そして西郷たっての依頼により、明治5年に宮中に出仕、10年間の約束で、明治天皇の侍従として仕えた。宮内大丞、宮内少輔を歴任し、明治15年、西郷との約束通り身を引く。

明治16年、維新に殉じた人々の菩提を弔うため、東京谷中に普門山全生庵を建立、またその翌々年には、一刀流小野宗家9代の小野業雄から道統を継承し、一刀正伝無刀流を開いた。

明治21年、皇居に向かって結《けっ》跏《か》趺《ふ》坐《ざ》のまま絶命。胃がんであったという。葬儀の列は豪雨の中続き、皇居前で10分ほど止まった。明治天皇はそれを高殿から見送ったという。全生庵での会葬者は、５０００人に上った。そのあとも門人たちの殉死が続き、鉄舟のいない世は、生きるに値しないと思わせるほどの、山岡鉄舟の死であった。

江《え》川《がわ》英《ひで》龍《たつ》（1801〜1855）

幕末の徳川家臣で伊豆韮山の代官。通称の太郎左衛門の名で知られる。号は坦庵《たんあん》。

近代的な沿岸防備の才は日本一といわれ、反射炉を築き、西洋砲術を普及させ、多くの逸材が彼のもとで学んだ。地方の一代官ながら、勘定吟味役まで異例の出世をする。享和元年（1801）、江川英毅の次男として韮山で生まれる。江川家は鎌倉以来の名家で、代々の当主は太郎左衛門を名乗った。

長じて長崎に赴き、高島秋帆に弟子入りし、近代砲術を学ぶとともに、幕府にも高島流砲術を取り入れさせ、江戸での演習を実現させた。以後、高島流をさらに改良した西洋砲術の普及に尽力し、全国の藩士にこれを教えた。佐久間象山、桂小五郎、橋本左内、大鳥圭介などがその門下として学んでいる。

嘉永6年（1853）、ペリー来航直後に勘定吟味役格に登用されると、品川台場を築造、さらに銃砲製作のため湯島大小砲鋳立場を設立。のちの関口製造所の原型となった。そして鉄鋼を得るため、反射炉の建造に取り組み、韮山反射炉の築造を開始するが、あまりの激務のため体調をくずし、安政2年（1855）、病死。その遺志は長男の英敏に引き継がれることになった。

いまでも日本中で使われている「気をつけ」や「右向け右」「回れ右」の掛け声は、江川が一般の人が使いやすいように、西洋の文献から訳させ、普及させたものといわれる。

阿《あ》部《べ》正《まさ》弘《ひろ》（１８１９～１８５７）

福山藩7代藩主。幕府の老中首座。幕末の動乱期に安政の改革を断行。文政2年（１８１９）、備後《びんご》国（いまの広島県）福山藩5代藩主・阿部正精の五男として江戸で生まれた。

父の死後、兄が家督を継ぐが病弱のため、17歳の正弘に譲って隠居。翌年、正弘はお国入りをするが、国元へ帰ったのは生涯でこの一度だけだった。

天保14年（１８４３）、25歳で老中となり、2年後、老中首座だった水野忠邦を天保の改革の際の不正を理由に罷免、自ら老中首座となり、家慶、家定の2代に渡って幕政を統括した。

在任中には、たび重なる外国船来航の対応に追われたが、海防掛を設置、島津斉彬など大名からも広く意見を求め、さらに江川英龍、ジョン万次郎、岩瀬忠震など、人材の登用も積極的に行った。

嘉永6年（１８５３）、ペリーが来航。この国難を乗り切るため阿部は朝廷、諸大名などに広く意見を募るが、かえって徳川斉昭を海防掛参与に任命したことで、有力大名の幕政への介入のきっかけとなり、幕府の権威を弱めることとなった。

翌年のペリーの再来時には、事態を穏便にまとめるため日米和親条約を締結。２００年続いた鎖国政策は終わりを告げる。

その翌年には、攘夷派の徳川斉昭と開国派の井伊直弼の対立となり、孤立を恐れた阿部は、老中首座を堀田正睦に譲るが、がんのため急死。39歳の若さだった。

堀田正睦《ほったまさとし》

（１８１０～１８６４）

佐倉藩の5代藩主。徳川幕府の老中首座。

文化7年（１８１０）、下総《しもうさ》国（いまの千葉県）佐倉藩3代藩主・堀田正時の次男として誕生。初名は正篤《まさひろ》。

藩主就任をめぐっては藩内でごたごたがあったが、藩主就任後は、自らの家督相続を支持してくれた渡辺弥一兵衛を側用人に抜擢、ともに藩政改革に邁進する。

蘭学を奨励し、佐藤泰然を招聘して佐倉順天堂を開かせ、これが現在の順天堂大学のルーツとなった。

幕政では文政12年（１８２９年）、奏者番に任命されたのを始め、寺社奉行、大坂城代、西の丸老中などを経て本丸老中となる。水野忠邦の天保の改革に協力するが、本心は批判的だったという。

安政2年（１８５５）、老中首座の阿部正弘の推挙を受けて老中に復帰、阿部から老中首座を譲られる。翌年、島津家から篤姫が第13代将軍に輿入れすると篤姫の名を憚《はばか》り、正睦と改名する。

安政5年の日米修好通商条約勅許を求めて上洛するが、強硬な攘夷論者だった孝明天皇により却下され、堀田は手ぶらで江戸へ戻る。

その間、幕閣では井伊直弼が大老となり、堀田は老中を罷免され、政治生命を絶たれてしまう。さらに井伊の暗殺ののち、報復人事として蟄居を余儀なくされ、領地の佐倉城内にて死去。まだ55歳の若さだった。

安藤信正《あんどうのぶまさ》

（１８２０〜１８７１）

磐城平《いわきたいら》の５代藩主で、徳川幕府の若年寄、老中を務めた。陸奥国磐城平藩４代藩主・安藤信由の長男として江戸藩邸で生まれる。

幼名は欽之進。元服時の初名は信睦《のぶゆき》、老中在職中に信行、さらに信正へ改名している。

安政５年（１８５８）、寺社奉行を経て大老・井伊直弼の下で若年寄となる。

２年後に老中となるが、その直後、桜田門外の変で直弼が暗殺され、事態の収拾に奔走。井伊に罷免されていた久世広周を老中に復帰させ、以後、２人が幕政の舵《かじ》をとる最高権力者となった。

安藤は、井伊の強硬路線を否定、穏健な政策をとり、朝廷との関係を深めていこうとする公武合体を推進する。そのひとつが、孝明天皇の妹・和宮の将軍家茂への降嫁の実現であった。

また、アメリカ公使館通訳だったヒュースケン殺害事件が起こった際も、無難にこれを処理し、幕末の政局の安定化に努める。

しかし、文久2年（１８６２）、坂下門外で、和宮降嫁で恨みを抱いた水戸浪士の襲撃を受け負傷。命に別状はなかったが「背中から斬られるのは武士の風上にも置けない」と非難され、老中を罷免される。

さらに隠居・蟄居を命じられるが戊辰戦争が起きると、奥羽越列藩同盟に加わり政府軍と戦う。敗れたのち、蟄居処分は解かれるが、明治4年（１８７１）に死去。享年52。

ジョン万《まん》次《じ》郎《ろう》

（1827～1898）

土佐の漁師だったが、嵐に会い遭難。伊豆諸島の無人島・鳥島に漂着しているところをアメリカの捕鯨船に救助され、頭の良さを認められて船長の養子となり、アメリカで学業に励み、帰国後、通訳や教師として日本の近代化に貢献した。

ジョン・マンとも呼ばれ、本名は中濱萬次郎。「ジョン万次郎」という呼称は、昭和13年（1938）に直木賞を受賞した井伏鱒二の『ジョン萬次郎漂流記』で用いられて広まったもので、それ以前には使われていない。

アメリカ本土に渡った万次郎は、オックスフォード学校、バーレット・アカデミーで英語、数学、測量、航海術、造船技術などを学び、首席で卒業。10年後、ハワイで漂流した仲間と再会。日本を目指して出航、薩摩に従属していた琉球（沖縄）に到着。薩摩藩に厚遇され、島津斉彬に海外の情勢や文化を教え、航海術や造船術を指導。その後、土佐に迎えられ、河田小龍がその聞きとりを行い『漂巽紀略』を著わした。

さらに幕府に召聘され江戸に行き、旗本の身分も与えられる。そして英会話書の執筆、翻訳、講演から船の買付まで精力的に動く。万延元年（1860）、日米修好通商条約の批准書交換の使節団の通訳として、ふたたびアメリカの土を踏んだ。

維新後は、出来たばかりの開成学校（現東京大学）の英語教授に任命されてもいる。明治31年、72歳でその波瀾万丈の生涯を閉じた。

大鳥圭介《おおとりけいすけ》（1833〜1911）

　榎本武揚、土方歳三らと箱館五稜郭で新政府軍と戦った最後の幕臣。天保4年（1833）、播磨国（いまの兵庫県）赤松村に、医師・小林直輔の子として生まれる。嘉永5年（1852）大坂に出て、緒方洪庵の適塾で蘭学と医学を学んだ後、仲間と江戸に出る。そこで西洋式兵学や写真術を学び、その後、ジョン万次郎に英語を学んだ。

　元治2年（1865）、陸軍所に出仕したあと、富士見御宝蔵番格として正式に幕臣に取り立てられる。慶応3年（1867）、歩兵頭並となり幕府陸軍の育成や訓練にあたる。鳥羽伏見の戦いのあとの評定では、小栗忠順や榎本武揚とともに徹底抗戦を主張、陸軍の最高幹部である歩兵奉行に昇進した。

　しかし江戸開城に際し、江戸を脱走。会津戦争を経て、仙台で榎本と合流して蝦夷地に渡り、箱館政権ではナンバー2の陸軍奉行となったが、追い詰められ、五稜郭で降伏。東京へ護送され、投獄された。

　明治5年（1872）、特赦によって出獄。新政府に出仕、開拓使、陸軍大佐などを歴任したあと、工部省に出仕。技術官僚として殖産興業政策に貢献。明治10年、工部大学校（現東京大学工学部）が発足すると、校長に任命される。

　その後、外交官に転じて、清国特命全権公使を拝命、日清戦争開戦直前の困難な外交交渉に当たった。帰国後、枢密顧問官に転じるが、明治44年、食道がんで死去、78年の長命だった。

山川《やまかわ》浩《ひろし》（1845～1898）

幕末、会津藩を率いて戊辰戦争を戦い、敗戦ののちは斗南藩大参事として困窮にあえぐ藩士達の面倒を見た会津藩家老。当時の名は山川大蔵《おおくら》。浩は明治以降の改名である。

父は会津藩国家老・山川重固、家禄は1000石。姉に山川二葉、弟に山川健次郎（のちの東京大学総長）、妹に常盤、咲子（のちの大山巌夫人・捨松）がいる。

文久2年（1862）、藩主・松平容保の京都守護職拝命に伴って上洛し、慶応2年（1866）には幕府の使者に同行してロシアへ渡航、ヨーロッパ諸国を見聞して世界の大勢を知り、攘夷のおろかさを痛感したといわれる。

戊辰戦争では、包囲された若松城に入城できなかったため、伝統芸能の彼岸獅子を先頭に舞わせながら入場するという、離れ業を演じたことで名を残す。戦後、禁固謹慎に処せられた。

廃藩置県後は、青森県に出仕するが、谷干城の推挙により陸軍に出仕。明治10年の西南戦争では陸軍中佐として出征。この戦《いくさ》を「会津の名誉回復の戦争」と捉え、「薩摩人みよや東の丈夫《ますらお》が　提げ佩《は》く太刀の　利《と》きか鈍《にぶ》きか」と詠んでいる。

明治18年には森有礼の命により、東京高等師範学校（現・筑波大学）、女子高等師範学校（現・お茶の水女子大学）の校長に任じられ、軍人の山川らしく学校は、秩序整然としたものだったという。その後、陸軍少将に昇進するが、明治31年病没。男爵に叙せられた。

新選組

土方歳三《ひじかたとしぞう》

（１８３５～１８６９）

鬼の副長

新選組時代には、局長・近藤勇の右腕として、幾多の修羅場をくぐり抜け、また隊内では峻厳な規律を実施し、「鬼の副長」と恐れられた。愛刀は和泉守兼定。

戊辰戦争では、旧幕府軍として最後まで戦い、武士の意地を貫く。明治2年（１８６９）、箱館五稜郭の戦いで、単騎、敵陣に斬り込み、最期を遂げたのは、五稜郭落城のわずか6日前だった。義に生き、武士《もののふ》として散った生涯といえる。

天保6年（１８３５）、武蔵国（いまの東京都）多摩郡石田村に、土方隼人を父として10人兄弟の末っ子として生まれる。土方家は「お大尽《だいじん》」と呼ばれたほどの多摩きっての豪農だった。少年時代は、端正な顔に似合わず「バラガキ」（イバラのような乱暴な子）と呼ばれた。

しかし剣術だけは大好きで、実家の「石田散薬」を行商しつつ、各地の剣術道場で他流試合を重ね、修行を積んだという。

多摩へ指導に来ていた試衛館の近藤勇と出会い入門。ここから近藤との生涯のつき合いが始まる。文久3年（１８６３）、試衛館の仲間とともに、幕府が上洛する将軍警護のために組織する浪士組に応募し、京都へ赴く。

　京都守護職の会津藩主・松平容保預りとして京の治安に務め、八月十八日の政変で、その活躍が認められ新選組として再出発。新見錦が切腹、芹沢鴨の暗殺と隊内の抗争のあと、局長・近藤勇、副長・土方歳三という盤石《ばんじゃく》の体制が出来上がるが、実際の指揮命令は副長の歳三が発したという。

　元治元年（１８６４）の池田屋事件の際には、近藤が本隊を率いて池田屋に直行し、土方は別働隊で、同じく志士たちのたまり場だった所へ向かったが、こちらは誰も居なかったため、直ちに池田屋に向かった。だが突入せず周りを固め、駆けつけた会津藩兵や桑名藩兵を中に入れず、手柄はすべて新選組のものとした。

　これをきっかけに、新選組の武名は轟くこととなる。また、規律に違反した隊士は容赦なく切腹を申しつけたため、隊士の死亡原因の第1位は、切腹であったといわれる。

蝦夷地へ

　慶応3年（１８６７）、新選組は２００名を超える鉄の集団となり、土方もまた幕臣に取り立てられた。しかし同年、徳川慶喜が大政を奉還するが、武力倒幕を目指す薩長軍は錦旗を掲げて江戸へ進軍する。

　まず鳥羽伏見の戦いが始まり、土方は新選組を率いて戦うが、新政府軍の新兵器の前に敗北。江戸に戻り、幕命により甲州に出陣して戦うがまたも敗れ、ふたたび江戸に戻り、下総《しもうさ》流山《ながれやま》で再起を図る。だがここも新政府軍に包囲され、局長の近藤が投降。板橋刑場で命を絶つ。

　江戸城が開城すると土方は、数名の新選組隊士を連れて江戸を脱出し、大鳥圭介らの旧幕府軍と合流、宇都宮城の戦いに勝利したあと会津に入り、会津の防戦に尽力するが、母成峠を破られ、会津落城はそこまで迫って来た。

土方は、会津を斎藤一にまかせ、自らは数名の新選組の隊士を率いて仙台へ向かう。仙台で榎本武揚率いる旧幕府海軍と合流して、仙台折浜を出航、蝦夷地を目指した。

慶応４年（１８６８）、蝦夷地鷲ノ木に上陸、大鳥圭介総督のもと、土方は島田魁など新選組隊士を従え、五稜郭へと向かった。

五稜郭を占領後、土方は軍を率いて松前へ進軍。松前城を陥落させると、残兵を江差まで追いつめる。この時、榎本武揚は土方軍を海から援護するため、軍艦・開陽丸で江差沖へ向かうが、暴風雨のため座礁。命からがら上陸して、はるかオランダから自ら操って日本へ持ってきた開陽が沈んで行く様を、土方とともに見守った榎本の心情はどんなだっただろう。ふたりはそばにあった松の木を叩いて嘆き合ったと言われ、その「嘆きの松」はいまでもそこに残っている。

蝦夷地を平定した榎本は、幹部を決める選挙を行い、自らを総裁とする「蝦夷共和国」の樹立を宣言、土方は陸軍奉行並となる。箱館政府ができ、榎本ら幹部が祝杯を上げていた時も、「いまは浮かれる時ではない」と土方はひとり沈黙を続けていたという。

武士の最期

明治２年（１８６９）４月、新政府軍が蝦夷地乙部に上陸を開始し、戊辰戦争最後の箱館戦争の火ぶたが切られた。土方は、二股口の戦いで進撃してくる新政府軍を、徹底的に叩き連戦連勝するが、もう一方の松前口が破られ、退路が絶たれる危険が迫ったため、やむなく五稜郭へ帰還した。

５月に入り、新政府軍の箱館総攻撃が開始されると、土方は一本木関門を死守し、七重浜より攻めて来る新政府軍に応戦。鬼神の如く戦い、馬上で指揮を執り続けた。そんな乱戦の中、腹部を銃弾で貫かれて落馬、部下が駆けつけた時にはすでに絶命していたという。

敵の銃弾に当たったといわれるが、降伏に断固反対する土方が、味方の兵によって殺されたとする見方もある。わずか35歳であった。土方の遺体は小芝長之助らに引き取られて、五稜郭に埋葬されたとも、別の場所に安置されたとも言われるが、定かではない。

旧幕府軍が降伏するのはその6日後のことだった。蝦夷共和国の閣僚8人のうち戦死したのは土方だけである。

死の直前、攻撃に出る前、新選組隊士で土方の身の回りの世話をした市村鉄之助に遺髪と写真を渡し、「日野の家族のもとに届けてくれ」と命じたという。雑誌や書籍によく掲載されている例の写真である。

市村が「私はこの地で死ぬ覚悟でやって来ました。お断りします」と言うと「ならばこの場で斬る」といわれ、その気迫に圧倒されて市村は首を縦に振ったという。

日野に旅立つ早朝、市村は窓に人影が写っているのに気づく。「多分、土方さんだったと思います」と市村は語り残している。その後、市村は生きのび、預かった品は日野の土方の義兄である佐藤彦五郎のもとに無事届けている。

かつて、大仏次郎の『鞍馬天狗』が、小説や映画で評判を呼んでいた頃は、新選組のヒーローと言えば局長の近藤勇であったが、昭和45年（１９７０）、司馬遼太郎の『燃えよ剣』が出版されると、俄然人気は土方に移ってしまう。テレビでも司馬の『新選組血風録』や『燃えよ剣』が放映され、ますます土方人気は高まった。

北海道函館市の、土方最期の地といわれる一本木関門跡に近い若松緑地公園には、土方歳三最期の地碑が立っていて、ファンの焼香が絶えない。

斎藤一《さいとうはじめ》（1844〜1915）

新選組では三番隊組長、撃剣師範を務めた。前半生はナゾが多く、維新後は、警視庁警部となり、旧会津藩ゆかりの人達との交流も多かった。そのため、もともと会津藩士で、松平容保の命を受け、新選組に密偵として入りこんだという説もある。永倉、沖田などとともに、新選組きっての使い手とされる。父の山口祐助が明石出身であったことから、明石藩浪人と名乗ったともいわれる。

山口一、山口二郎、一戸伝八、藤田五郎と改名、別名も多いが、なぜかすべての名前に数字が入っている。また、浅田次郎の傑作『一刀斉夢録』の主人公である。

19歳の時、江戸小石川で旗本と口論となり斬ってしまう。そのまま京都に走って、父の友人が道場主の聖徳太子流剣術の吉田道場に身を隠し、師範代を務めた。

永倉新八の手記によると、斎藤は江戸で天然理心流・試衛館に出入りしていて、近藤とは顔なじみであったというが、定かではない。

新選組には京都で入隊、20歳にして副長助勤に抜擢され、のちの再編時に三番隊組長となり、撃剣師範も務めた。新選組内部での粛清役を多く務めたとされ、長州のスパイの御倉伊勢武らのほか、隊内の武田観柳斎、谷三十郎らの暗殺も斎藤の手によるとされている。

さらに、大坂力士との乱闘、池田屋事件、そして禁門の変とつねに新選組の陣頭に立ち、剣を振るった。

とくに元治元年（1864）の池田屋事件では土方隊で奮闘し、幕府と会津藩から金10両の恩賞を与えられた。また慶応3年（1867）、伊東甲子太郎が御陵衛士を結成して新選組を離脱すると、斎藤も行動をともにし、間者として潜入。逐一、伊東らの動きを土方に報告し、その結果、油小路事件に発展し、伊東は惨殺される。斎藤が新選組に戻ったとき「斎藤氏、公用より本日帰参」と掲示が出たという。

徳川慶喜の大政の奉還後、戊辰戦争が勃発。新選組も旧幕府軍に従い参加、慶応4年1月の鳥羽伏見の戦い、つづく甲州勝沼での戦いでも、斎藤はつねに最前線で戦った。

近藤勇が下総流山で新政府軍に投降したあと、土方歳三といったん別れ、一部の隊士を率いて会津に向かう。

会津では会津藩の指揮下に入り、白河口の戦い、母成峠の戦いでも奮戦するが、圧倒的な新政府軍の兵器の前に、若松城下に退却、そこで土方と再会、合流する。さらに仙台に転戦する土方を見送ったあとも会津に残留し、城外で新政府軍への抗戦を続けた。

9月、会津藩が降伏したあとも斎藤は戦い続け、藩主・松平容保の説得でようやく投降する。捕虜となった藩士とともに、越後の高田で謹慎生活を送った。

明治2年（1869）、会津藩は再興を許され、陸奥国で3万石とされ下北半島に移される。藩名は斗南《となみ》藩と命名され、斎藤も藩士として下北半島へ移るが、そこはまったく不毛の地であり、藩士たちは困窮にあえいだ。「斗南」は「南、つまり薩摩と闘う」の意を含んで命名されたというが、俗説であろう。

明治7年、斗南で辛苦をともにした旧会津藩大目付・高木小十郎の娘・時尾と結婚。旧会津藩主・松平容保が上仲人、旧会津藩家老の佐川官兵衛、山川浩らが下仲人を務め、旧会津藩の主従が顔を揃えるという豪華な結婚式となったという。この時、斎藤は藤田五郎と改名している。

同年、東京に移住して警視庁に採用される。そして明治10年、西南戦争が起こると、警部補となっていた斎藤は、警視徴募隊の小隊長として参戦、かつての宿敵・薩摩の軍に敢然と立ち向かい、獅《し》子《し》奮迅《ふんじん》の活躍をする。佐川官兵衛も、軍人となった山川浩も参戦するが、佐川は戦死してしまう。

明治21年には警部に昇進するが、同25年退職し、東京高等師範学校（現筑波大学）の看守（守衛長）に奉職。学生たちに剣道も教えた。その後、東京女子高等師範学校（現お茶の水女子大学）の庶務掛兼会計掛として勤務。

大正14年、胃潰瘍のため本郷真砂町で死去、享年72であった。床《とこ》の間に結跏趺坐しての大往生だったという。遺骨は会津若松市の阿弥陀寺に葬られた。墓には斎藤一ではなく藤田五郎と刻まれている。

東京高師で学生たちに剣術を教えていた頃、斎藤の剣技は衰えることなく、誰ひとりとしてその竹刀に触れることさえできなかったという。

また明治の末頃、新道無念流有信館の山本忠次郎が、木に吊るした空き缶を竹刀で突く練習をしていたところ、斎藤と思われる老人が通りかかり、忠次郎の竹刀で一瞬のうちに缶を突いてみせたという。しかも缶は少しも揺れなかった。有信館は本郷真砂町にあり、斎藤も同じ所に住んでいたから、山本は「間違いなく新選組の斎藤一だ」と確信したという。

近藤《こんどう》 勇《いさみ》（１８３４～１８６８）

幕末、京都の治安にあたった新選組の局長。自慢の愛刀は長曽祢虎徹。講談や小説での「今宵の虎徹は血に餓えている」のセリフは有名。勇は通称で、名は昌宜《まさよし》、のち、大久保大和と名のる。天保5年（１８３４）、武蔵国多摩郡上石原村に百姓・宮川久次郎の三男として生まれた。

嘉永元年（１８４９）、江戸牛込の天然理心流の試衛場に入門。翌年、目録を受ける。さらに同年、道場主の近藤周助の養子となり、近藤勇を名乗る。

文久3年（１８６３）1月、徳川幕府は庄内藩の清河八郎の献策を容れ、14代将軍・徳川家茂の上洛を警護をするための組織「浪士組」の参加者を募った。これを受け、近藤ら試衛館の8人は参加する。

しかし京都に到着した夜、清河は上洛の真の目的は、朝廷に尊王攘夷の志を建白することであると宣言し、江戸帰還を提案。これに異議を唱えた近藤や芹沢ら24人は京に残留、浪士組は分裂した。

近藤・芹沢ら京都残留組は、京都守護職の会津藩主・松平容保に嘆願書を出して受理され、将軍在京中の市中警備を担うのを目的に、会津藩預かり「壬生浪士組」として再出発する。

さらに、会津藩、薩摩藩主導の八月十八日の政変が起こると、壬生浪士組は御花畑門の警護を担当、働きぶりが認められ、朝廷から「新選組」の名をいただく。その後、結成時からあった隊内の抗争が表面化、芹沢一派が粛清され、近藤勇体制が構築された。

そして池田屋事件が起こる。内偵により尊王攘夷派の志士たちのテロ計画を知った新選組は元治元年（1864）、京都三条の旅館・池田屋を急襲。近藤局長以下10名のみで30数名の志士たちと壮絶な斬り合いになり、1時間を越す激闘の末、勝利を収めた。この事件で長州の吉田稔麿や肥後の宮部鼎蔵など前途ある志士たちが闘死するが、新選組の名は一挙に天下に轟いた。

続く禁門の変でも新選組は会津藩士とともに奮戦し、その働きを認められ、慶応3年（1867）、近藤らは幕臣に取り立てられる。多摩の農民出身としては異例の出世であった。

しかし同年10月には、徳川慶喜の大政奉還、さらに王政復古の大号令と続き、新選組もその存在を失うかに見えたが、その後の鳥羽伏見の戦いでは、負傷した近藤に変わり、副長・土方歳三が率いて、新政府軍相手に奮戦。だが時代の流れには逆らえず、江戸に敗走する。

江戸に帰着した近藤は、幕府から「甲陽鎮撫」を命ぜられ、武器弾薬を与えられ「大久保大和」という変名までもらうと、新選組を率いて勇躍、甲府へ進撃。市外の勝沼の戦いで奮戦するがここでも板垣退助率いる土佐藩に敗れ、敗走。

江戸に逃げ帰った近藤ら新選組は、下総流山に集結するが、すでに敗北を予感した近藤は、土方らの止めるのも聞かず、越谷の新政府軍に大久保大和として出頭。しかし新選組の近藤勇であると見破られて捕縛され、板橋宿近くの板橋刑場で斬首された。享年35。首は京都三条河原に梟首《きょうしゅ》され、その後の行方は不明である。

近藤の墓は、出身地に近い東京三鷹市の龍源寺にあるが、会津若松市の天寧寺にも、土方歳三が遺体の一部を葬ったとされる墓がある。

沖田総司《おきたそうじ》（１８４２〜１８６８）

新選組一番隊組長・撃剣師範。近藤勇の試衛館塾頭を務めた薄命の天才剣士。小説やドラマではつねに美青年として描かれ、かつてテレビの『新選組血風録』などで、沖田を演じた島田順司は人気スターとなった。

陸奥国白河藩士・沖田勝次郎の子として江戸の白河藩屋敷で生まれたとされる。父の名前も母の名前も正確に伝える資料はない。

９歳の頃から天然理心流・試衛館の内弟子となり、若くして塾頭となる。

文久３年（１８６３）、近藤らと浪士組結成に参加。新選組と名前を変えたあと、一番隊組長となる。芹沢鴨暗殺などで活躍。池田屋事件では一番に踏み込んだが、喀血のため戦線離脱したと伝えられる。兄のように慕っていた山南啓助の切腹の際には介錯を務めた。

鳥羽伏見の敗戦後、隊士とともに海路、江戸へ戻り、以後幕府の医師・松本良順によって、千駄ヵ谷の植木屋に匿《かくま》われるが、病状が悪化。近藤斬首から２ヵ月後の慶応４年（１８６８）に死去。近藤の死を知らないままの死だった。幕末、あれだけ修羅場をくぐり抜けてきたのに、遺体には刀傷ひとつなかったという。よほど運動神経がよかったのだろう。

後年、永倉新八は「土方や井上、藤堂、山南などが竹刀をとっては子供扱いされた。おそらく本気で立ち合ったら、師匠の近藤もかなわないだろうとみんな言っていた」と語っている。

永《なが》倉《くら》新《しん》八《ぱち》

（1839～1915）

松前藩脱藩後、新選組へ。二番隊組長。維新後も長く生き『新選組顛末記』を残し、新選組の語り部となった。蝦夷国（いまの北海道）松前藩江戸定府取次役・長倉勘次の次男として、江戸下谷三味線堀の同藩上屋敷で生まれた。幼名は栄吉。

18歳で元服して新八と称する。同年、剣術好きが昂じて脱藩し、永倉姓を称して本所亀沢町の百合元昇三の道場で剣を磨く。その後、近藤勇の天然理心流・試衛館の食客となる。

その後、近藤らとともに浪士組に参加、新選組結成後は二番隊組長となる。

元治元年の池田屋事件では、左手親指に重傷を負いながら刀が折れるまで戦い、新選組の名を満天下に轟かせた。その後、近藤のわがままな振る舞いが始まると、これを松平容保に訴え出る等、近藤一派とは少しずつズレを見せ始める。

鳥羽伏見の戦いでは刀ひとつで突撃する豪胆さを見せたが、江戸退却後は、近藤らとたもとを分かって北関東で奮戦するが、会津藩の降伏を知って松前に帰藩する。その後、小樽へ移って北海道大学の剣道部を指導、相変わらず剣の道に生き、大正4年、敗血症で死去。77歳の生涯を終えた。

新選組の中でも屈指の腕を誇り、隊士の阿部十郎は後年、「一に永倉、二に沖田、三に斎藤」と語っている。「龍飛剣」と称する、下段から敵の剣を擦り上げながら下へ切り落とす技を得意としていたという。

原《はら》田《だ》左《さ》之《の》助《すけ》

（1840〜1868）

新選組十番隊組長。天保11年（1840）、伊予国（いまの愛媛県）松山に生まれる。藩士の奉公人（中間《ちゅうげん》）だった。のちに出奔して宝蔵院流槍術を学び、免許皆伝を受けた。近藤勇に従って浪士組に参加。新選組結成後は十番隊組長となる。芹沢派の粛清、池田屋事件、禁門の変、油小路事件と、すべての事件に関わり活躍した。

坂本龍馬暗殺に関して、現場に落ちていた刀の鞘が、原田のものと伊東甲子太郎が証言したことや、下手人が「こなくそ」と伊予訛りを発したことから、新選組の原田左之助こそ犯人と疑われたが、実際には無関係だったことが証明された。

鳥羽伏見の戦いや甲陽鎮撫隊まで新選組の一員として戦うが、その後、永倉新八とともに近藤らとたもとを分かち、靖兵隊を結成するが、江戸に戻り、上野で戦う旧幕府軍の彰義隊に参加する。しかし銃弾を受けて負傷、その傷がもとで慶応4年（1868）、本所で死亡した。

性格は短気だったといわれ、中間時代に上司の武士と喧嘩して「腹を切る作法も知らぬ下司《げす》め」と罵られ、カッとなった原田は、本当に腹を切って見せた。傷は浅かったので命に別状は無かったが、新選組では「死に損《ぞこ》ねの左之助」とアダ名された。

また原田は、上野では死なず、大陸へ渡って馬賊の頭目になったという伝説もあり、日清・日露戦争の頃、松山で昔語りをする老軍人がいて「オレは原田左之助だ」と名乗ったという。

芹沢《せりざわ》鴨《かも》（１８３２？〜１８６３）

幕末の水戸藩浪士。新選組の初代筆頭局長。室町時代に常陸《ひたち》国（いまの茨城県）行方郡芹沢村に定着した豪族で、江戸初期に戦功により徳川家康から知《ち》行《ぎょう》地《ち》を与えられ、のち水戸藩上席郷士（士分）となった芹沢家の出身といわれる。また前名は下村嗣次と推定されるが、いずれにしても諸説があり、出自、出生年は確定されていない。

前名とされる下村嗣次は水戸藩でもならず者として知られ、捕縛、入牢を繰り返したあげく、文久３年（１８６３）１月に出獄を許された。これが芹沢鴨と同一人物であれば、その後、名を改めたものと考えられる。

１カ月後、清河八郎の周旋により結成された浪士組に新見錦、平山五郎、平間重助等を伴って参加、六番組小頭に任命された。その際、近藤勇ら試衛館グループも加わり、上洛する。

京都では会津藩お預かりとなり、芹沢、近藤、新見が局長となる。さらに芹沢が筆頭となった。八月十八日の政変での御所警備の活躍で新選組と改める。

しかし、豪商から金をおどし取るなど、数々の狼藉を働く芹沢一派と規律を重んずる近藤派の対立は激しくなり、文久３年９月、大雨が降る深夜、土方、沖田らは、泥酔して愛妾と寝ていた芹沢を急襲。驚いた芹沢は刀を取る間もなく、素っ裸のまま隣の部屋に飛び込むが、机につまづいて転倒、そこをずたずたに惨殺される。以降、新選組は近藤、土方のもと、一糸乱れぬ鉄の組織となって行く。

伊《い》東《とう》甲《か》子《し》太《た》郎《ろう》

（１８３５～１８６７）

新選組参謀、のち御陵衛士（高台寺党）盟主。初名は大蔵。常陸志筑《しづく》藩士・鈴木専右衛門忠明の長男として生まれる。

水戸へ遊学、神道無念流剣術を学び、また、水戸学伝統の勤王思想に傾倒する。のち江戸に出て深川中川町の北辰一刀流・伊東道場に入門、道場主の伊東誠一郎に認められて婿養子となり、伊東大蔵を名乗る。

元治元年（１８６４）、同門の藤堂平助に誘われて新選組に加入。上洛の年（甲子）に因んで伊東甲子太郎と改名する。新選組では参謀兼文学師範に任じられ、その端麗な容姿と巧みな弁舌、深い教養から人望は高かったという。

慶応３年（１８６７）３月、薩摩藩から世の中の動向探索と孝明天皇の御陵警備の任務を命じられると、新選組を離脱、篠原泰之進などの同志14名とともに御陵衛士を結成。東山の高台寺月真院に本拠を置いたため、高台寺党と呼ばれた。

11月、伊東らの粛清を決めた近藤らは、伊藤を近藤の妾宅に呼び出し、酒肴のもてなしをする。そして酔わされた伊東は、帰途中、七条油小路で大石鍬次郎ら数名の新選組隊士によって暗殺される。

遺体は路上に放置されたが、これは他の御陵衛士たちを誘い出すワナだった。収容に来た御陵衛士たちは、待ち伏せしていた新選組と死闘となり、藤堂平助らが死亡している。文武両道の才人だった伊東だが、その過信が死を呼んだといえる。

山南敬助《やまなみけいすけ》（１８３３〜１８６５）

新選組の副長、総長。脱走するが捕らえられ切腹。幹部としては珍しい運命をたどった。

仙台藩出身といわれるが確かではない。江戸で小野派一刀流の免許皆伝となり、のちに北辰一刀流の千葉周作の門人となった。近藤勇の天然理心流に他流試合を挑み、対戦した近藤に敗れた。この時、近藤の腕と人柄に感銘を受け、近藤を慕うようになり試衛館の門人たちと行動をともにするようになる。

文久３年（１８６３）２月、近藤らと浪士組に参加、上洛。芹沢鴨派と近藤派が壬生浪士組を牛耳るようになると、山南は近藤派の土方歳三、芹沢派の新見錦とともに副長に就任する。９月に入ると再度主導権争いになり、筆頭局長の芹沢と副長の新見が粛清され、壬生浪士組は近藤派によって統一された。山南は新設された総長となり、局長の近藤、副長の土方に次ぐ地位に就いたが、その後、脱走するまで山南の名は新選組の記録から消えてしまう。

元治２年（１８６５）、山南は「江戸へ行く」と置手紙して行方をくらませた。新選組の法度《はっと》では脱走は切腹とされている。幹部も例外ではなかった。

山南の脱走原因には諸説あるが、真実は壬生村の屯所が手狭になったことから、勤王色の強い西本願寺に新選組が移ったが、やはり勤王の志の強い山南が、これに強く反対したためと言われる。山南の希望によって沖田が介錯を務め、山南は切腹。享年33。

井上《いのうえ》源三郎《げんざぶろう》

（１８２９〜１８６８）

新選組の六番隊組長。隊内では渉外係として、要人の接待などを担当した。昔からの仲間だった近藤、土方などからは「源さん」と絶大な信頼を受けた。また井上もこの２人を補佐し、隊内の若い隊士からの人望も厚かったという。

武蔵国日野宿北原に八王子千人同心世話役・井上藤左衛門の三男として生まれた。弘化４年（１８４７）、天然理心流の宗家・近藤周助に入門。土方歳三の義兄・佐藤彦五郎が自邸内に設けた道場で、土方らとともに稽古に励んだ。

彼らからは兄弟子として遇されれ、その関係は死ぬまで続いたという。免許皆伝までに10年もかかったという努力家タイプだった。

文久２年（１８６２）の浪士組募集には、近藤、土方らと参加して上洛。２年後の池田屋事件では、土方隊の支援の指揮を執る。近藤隊が斬り込んだという知らせを受けて、部下とともに池田屋に突入し、浪士８人を捕縛する活躍を見せた。

翌慶応元年の組織再編では、六番隊組長をまかされ、慶応３年、新選組が幕府直参に取り立てられると、副長助勤として70俵３人扶持を与えられた。

慶応４年、鳥羽伏見の戦いでは、淀千両松で新政府軍と激突。井上は奮戦するも腹部に銃弾を受けて即死する。享年40。

甥の井上泰助が源三郎の首を持ち帰ろうとするが、あまりにも重かったため、戦場の近くの寺に埋葬したという。

藤堂平助《とうどうへいすけ》
（１８４４～１８６７）

幕末の剣客で新選組八番隊組長、のち御陵衛士。平助は通称である。出自に関しては諸説あるものの、旗本５０００石の藤堂家出身とする説が有力であるが、伊勢・津藩主の藤堂高猷のご落胤《らくいん》という説もあり、美男子だったといわれる。

北辰一刀流・千葉周作の玄武館の門弟となり、目録を10代半ばで取得した逸材であった。その後、深川中川町の伊東道場の伊東甲子太郎の門に入り、さらに天然理心流・近藤勇の試衛館に入門している。つまり、近藤らとは新選組結成以前からのはえぬきの同志だった。

元治元年（１８６４）の池田屋事件では、最初に斬り込んだひとりとして勇名を馳せるが、3年後には伊東一派と御陵衛士結成のため新選組を離脱、そもそも上洛の目的だった尊王攘夷の道を歩みだすこととなる。

長州への寛大な処分を朝廷や幕府に建白する御陵衛士の活動に激怒した近藤は、殲滅を決意。酔っぱらった盟主の伊東を惨殺するという油小路事件が起きる。伊東の遺体を奪還するため、ワナと知りつつ藤堂は、同志7名とともに現場へ向かうが、待ち伏せていた40名を超える新選組隊士と死闘を繰り広げ、翌未明に死亡。死体は道端に３日間も放置された。

永倉新八の証言によれば、近藤から「平助はまだ若い。できるだけ助けてやれ」と指示され、逃げられるよう道をあけておいたが、事情を知らない隊士の三浦常三郎に斬られたという。

島《しま》田《だ》魁《かい》

（１８２８～１９００）

土方歳三について箱館まで戊辰戦争を戦い抜いた新選組隊士。文政11年（１８２８）、美濃国（いまの岐阜県）方県郡雄総村に庄屋・近藤伊右衛門の次男として生まれる。幼い頃から剣の道に励み、名古屋城内の御前試合で優勝し、大垣藩の嶋田才に見初められ養子となり、嶋田家を継ぐ。

結成直後の新選組に入隊し、諸士調役兼監察の任に就く。１８０cm近くの巨漢だったといわれ、副長の土方歳三の徹底した取締りの結果の隊士の処刑など、いわゆる汚れ役も担っていた。元治元年の池田屋事件の発端となった古高俊太郎の捕縛、拷問にも大いに貢献し、その後の組織の再編で二番隊伍長に就任している。

慶応3年（１８６７）の伊東甲子太郎殺害の油小路事件のあと、残党による近藤勇襲撃の際は、馬上で狙撃された近藤の馬を鞭打って走らせ、からくも命を救ったのが島田だった。

翌年の鳥羽伏見の戦いでは、永倉新八らと決死隊を組織し敵陣に斬り込み、新選組の意地を見せた。その後、会津戦争、箱館戦争と島田はつねに土方歳三と行動をともにする。明治2年の降伏後は、土方の戒名を書いた布をいつも懐にしのばせ、近藤はじめ散っていった新選組隊士の菩提を弔うため、念仏をかかさなかったという。

明治19年、西本願寺の夜間警備員となり、14年間務めたあと、勤務先の西本願寺で死去。73歳の長命だった。

外国人

ペリー（１７９４〜１８５８）

マシュー・カルブレイス・ペリー。アメリカ海軍の軍人。幕末、艦隊を率いて当時鎖国の日本に来航、開国への大きな道筋を作った。１８０９年、わずか15歳で士官候補生として海軍に入隊、１８３３年には、ブルックリン海軍工廠の造船所長となり、8年後には司令官となった。蒸気船を主力とする海軍の強化策を進めるとともに、士官の教育にも力を注ぎ、蒸気船海軍の父とたたえられた。

１８５２年、東インド艦隊司令長官に就任、日本に開国を促すフィルモア大統領の親書を携え、サスケハナを旗艦とする４隻を率いて嘉永6年（１８５３）浦賀に入港。幕府の役人・戸田氏栄らに大統領の親書を渡した。突然の黒船の来航に当時の日本は大騒ぎとなり、幕府はその対応に困り、取りあえず翌年まで返答を保留する。ペリーは湾を何日か測量したあと、琉球へ帰って行った。

翌嘉永7年2月、約束通り、今度はポーハタンなど7隻を率いて、横浜沖に迫り、条約の締結を求めた。武力による恫喝におびえた幕府は、やむなく神奈川で日米和親条約を結び、下田と箱館を開港し、長い鎖国が終わった。帰国したペリーは『日本遠征記』の著作を残して１８５８年ニューヨークで死去。63歳だった。

最初の来航時に、江戸庶民の間で詠まれた有名な狂歌が、「泰平の眠りを覚ます上喜撰（蒸気船）たつた四杯（隻）で夜も眠れず」である。

ハリス
（１８０４～１８７８）

タウンゼント・ハリス。アメリカ合衆国の外交官。初代の駐日アメリカ合衆国弁理公使。日米修好通商条約を締結したことで知られる。敬虔な聖公会信徒で生涯独身を貫いた。アメリカ・ニューヨーク州に生まれたが、家が貧しかったため、図書館で独学でフランス語、イタリア語などを学ぶ。長じて教育に関心を持ち、ニューヨーク市の教育局長となり、貧困家庭の子女たちの教育に尽力した。

１８４９年、サンフランシスコで貨物船の権利を購入し、貿易業を開始。上海にいた時、東インド艦隊に同乗を頼むが、軍人でないため拒否される。

その後政府に運動し、寧波《ニンポウ》の領事に任命される。さらに大統領フランクリン・ピアースから念願の初代駐日領事に任命される。当時、アメリカはハリスのように在住の商人に領事などを兼任させることが多かった。

ハリスは安政3年（１８５６）、下田へ入港し、玉泉寺に領事館を構える。幕府はハリスの江戸出府を引きとめるため、芸者の吉《きち》をハリスのもとに送るが、役人の意図を見抜いたハリスは大変怒り、すぐに解雇している。芝居などで有名な「唐人お吉」の物語は、すべてフィクションである。

江戸で井伊直弼と、通商条約の締結を済ませたハリスは、初代駐日公使となった。文久2年、病気を理由に辞任、5年9ケ月の任期を終えて帰国。特に公職にはつかず、１８７８年、74歳で死去した。

パークス（1828〜1885）

サー・ハリー・スミス・パークス。イギリスの外交官で、幕末から明治にかけ18年間、駐日英国公使を務めた。

イギリス・イングランドに生まれたが、早くに父母を亡くしたため、中国で暮らしていた姉を頼って13歳の時、マカオに赴く。15歳で広東《カントン》のイギリス領事官に採用され、翌年、厦門《アモイ》の領事館通訳となり、領事オールコックのもとで働いた。日本公使に転任していたオールコックに認められ、上海《シャンハイ》領事となる。

慶応元年（1865）、オールコックの後任として日本公使となり横浜に到着。下関で高杉晋作、伊藤博文、鹿児島では島津久光、西郷隆盛らと会い、交流を深める。徳川慶喜の大政奉還後、三条実美、岩倉具視らとも会い、天皇にも謁見した。

フランスの公使ロッシュが、将軍を支援し、幕府側についたのに対し、パークスは表面上は中立を標榜しながらもアーネスト・サトウの助言もあって薩摩藩、長州藩に接近し、結果として倒幕、新政府の樹立に大きな影響を与えることとなった。ただし慶喜については「いままで会った日本人の中で最もすぐれた人物」と絶賛している。

明治維新後は、日本の西洋文明の導入に積極的に尽力し、日英交流に貢献した。

明治16年、滞日18年目にして清国公使となり、日本を離れ、2年後、任地の北京でマラリアのため、57歳で没した。在職期間18年はいまでも駐日英国大使の中で最長である。

ロッシュ（1809～1901）

ミシェル・ジュール・マリー・レオン・ロッシュ。フランスの外交官。駐日フランス公使。幕末動乱期、倒幕派を支えたイギリスに対し、徳川幕府を支援した。フランスのグルノーブル出身。グルノーブル大学に入学するが、わずか半年で退学。アフリカのアルジェリアに派遣されるフランス遠征軍に参加したのをきっかけに、政治運動に身を投じ、アラビア語に堪能となる。

元治元年（1864）4月、2代目の駐日公使として着任。日本語には疎かったため、塩田三郎ら幕臣が通訳を務めた。多くの通訳を持っていたイギリス公使館とは対照的であり、これが反幕府勢力に関する情報収集能力に欠けることとなり、フランスが積極的に幕府を支援する原因ともなった。

同年11月に、幕府から製鉄所、造船所の建設を依頼されると、新任の英国公使パークスへの対抗意識もあってこれを受諾、横須賀製鉄所の建設を推進。さらにパリ万国博覧会への参加推薦、軍事顧問団の招聘など、次々と協力を申し出て行った。

特に徳川慶喜が15代将軍となると、幕政の改革を建言、将軍中心の統一政権の確立に尽力。この極端な肩入れは、本国の意向を無視したものであり、フランス外務省はロッシュに帰国命令を出すが、届いた時はすでに幕府は崩壊したあとだった。

慶応4年（1868）5月、罷免されて帰国の途につく。フランスに帰ったロッシュは、引退。ボルドーで91歳で死去。

アーネスト・サトウ（1843〜1929）

サー・アーネスト・メイソン・サトウ。イギリスの外交官。通訳、駐日公使、駐清公使を務める。イギリスにおける日本学の基礎を築き、著書『一外交官の見た明治維新』は幕末維新の貴重な資料となっている。

日本滞在は、文久2年（1862)から明治16年(1883)、さらに、その後の駐日公使としての明治28年から33年までを加えると、25年に及ぶ。

1843年、ドイツ人の父と、イギリス人の母の間で、ロンドンで生まれた。幼少の頃から日本にあこがれ、文久2年、イギリスの駐日公使館の通訳生として横浜に着任、代理公使のジョン・ニールに仕える。翌年、生麦事件の交渉のため7隻の艦隊を率いて、ニールとともに鹿児島へ向かうが、交渉は決裂し、薩英戦争が勃発してしまう。

慶応元年（1865）、通訳官に昇進し、長州の伊藤博文や井上馨と頻繁に交流、下関戦争の交渉などで、新駐日公使パークスに同行して活躍、口本語に堪能な英国人として、サトウは広く知られるようになる。

翌年、英字新聞『ジャパン・タイムズ』に、のちに『英国策論』として出版される論文を発表、大きな話題を呼んだ。そこには、「現行条約を廃棄し、新しく天皇、有力大名と条約を結び、日本の政権を将軍から諸侯連合に移すべき」と明治維新の原型になるような趣旨が書かれていた。

慶応4年、王政復古の大号令が出されると、大阪城に入った徳川慶喜とパークスの謁見で通訳を務めたのを始め、鳥羽伏見の戦い、箱館戦争などの戊辰戦争をつぶさに目撃する。また勝海舟、西郷隆盛、木戸孝允、岩倉具視などとパークスの会談には通訳としてつねに同席し、日本の近代化の過程をその目で見る。明治10年の西南戦争では、パークスの命で鹿児島に派遣され、西郷にも会っている。

明治16年に帰国、その後はウルグアイ駐在領事、モロッコ駐在領事などを歴任したあと、同28年、駐日特命全権公使としてふたたび日本に戻り、5年間務める。その間、日清戦争に勝利した日本は下関条約を結ぶが、三国干渉により遼東半島を返還。そのあと陸軍、海軍を充実させ列強の一員を目指して進む日本の姿を、サトウは目の当たりにする。

日本を離れたあと、サトウは駐清公使として北京に滞在、義和団の乱を収拾し、また日露戦争を見届ける。北京から帰国の途上、日本にも立ち寄り、これがサトウにとって最後の日本となった。

サトウは、戸籍の上では生涯独身であったが、日本滞在時の明治4年に武田兼《かね》を内妻とし、3人の子をもうけている。兼は、イギリス公使館に出入りしていた植木職人・倉本彦次郎の娘といわれるが、サトウは富士見町に５００坪の旧旗本屋敷を買って一家の住まいとし、自身の帰国後も家族はここで暮らし続けた。子供たちの面倒もよく見、長男は呼び寄せてケンブリッジ大学に入学させているし、次男の武田久吉は、植物学者として育て上げた。

ちなみに「サトウ」という姓は、スラヴ系の希少姓で、日本の「佐藤」とは関係ない。

グラバー（1838～1911）

トーマス・ブレーク・グラバー。イギリス・スコットランド出身の商人。長崎にグラバー商会を設立し、当初は生糸や茶の輸出を扱っていたが、日本の混乱に着目、佐幕・倒幕を問わず各藩や幕府に武器や弾薬を販売し、五代友厚など志士たちの海外留学を支援した。

21歳で上海に渡り、マセソン商会に入社。開港まもない長崎で、同社の代理店としてグラバー商会を設立した。

明治維新後、武器が売れなくなったことや、諸藩からの売掛金の回収が滞ったことなどで、明治3年（1870）に破産。グラバー自身は日本に留まって、高島炭鉱を経営するが、炭鉱が三菱の岩崎弥太郎に買収されたあとは、所長として経営にあたる。その後、三菱財閥の相談役に迎えられ、キリンビールの基礎を築いた。日本人を妻として、晩年は東京で過ごし、勲二等という外国人としては異例の勲章を授与されている。

明治44年に死去。墓は長崎市の坂本国際墓地に妻・ツルとともに埋葬されている。また長崎の邸宅はグラバー園として現在も長崎の観光の目玉となっているのはご存じの通りである。

キリンビールの経営に関わっただけに麒麟《きりん》には執心し、福岡の太宰府天満宮の麒麟像を気に入って、何回も譲ってほしいと打診していたという。またキリンビールの麒麟のマークは親しかった坂本龍馬をイメージしたといわれるが、後世に作られた伝説かもしれない。

幕末・明治　おもな出来事

〈年号〉	〈西暦〉	〈出来事〉
嘉永6年	1853	ペリー、浦賀に来航。 プチャーチン（ロシア）、長崎に来航。
安政1年	1854	ペリー、ふたたび来航。日米和親条約締結。 吉田松陰、密出国失敗。日英、日露和親条約締結。
安政2年	1855	江川英龍死去。藤田東湖死去。 日仏、日蘭和親条約締結。長崎に海軍伝習所設立。
安政3年	1856	アメリカ総領事ハリス来る。
安政4年	1857	橋本左内、越前福井藩の改革に着手。 高杉晋作、松下村塾に入門。
安政5年	1858	井伊直弼、大老就任。日米修好通商条約締結。 14代将軍に徳川慶福（家茂）決定。 尊王攘夷運動弾圧のため、安政の大獄始まる。 西郷隆盛、僧月照と入水自殺、西郷のみ助かる。
安政6年	1859	一橋慶喜、松平春嶽、水戸斉昭ら蟄居謹慎。 梅田雲浜獄死。橋本左内、頼三樹三郎、吉田松陰ら死刑。

万延1年　1860
安藤信正、老中に就任。
勝海舟、福沢諭吉ら咸臨丸で太平洋横断。
井伊直弼暗殺（桜田門外の変）。徳川斉昭死去。

文久1年　1861
長州藩長井雅楽、航海遠略策を朝廷に説く。
清河八郎、浪士組を計画。土佐勤王党結成。

文久2年　1862
安藤信正襲われる（坂下門外の変）。
皇女・和宮、徳川家茂に降嫁。
島津久光、勅使・大原重徳を従え、江戸へ下行。
薩摩藩士・有馬新七ら斬られる（寺田屋事件）。
松平春嶽、政事総裁職に就任。　一橋慶喜、　将軍後見職に就く。
松平容保、　京都守護職に就く。
生麦事件。　榎本武揚、　西周らオランダに留学。
吉田東洋暗殺。　坂本龍馬、　勝海舟に入門。

文久3年　1863
長州藩、下関で外国船を砲撃。
高杉晋作、奇兵隊創立。薩英戦争。
八月十八日の政変、三条実美ら七卿都落ちし、長州へ。
平野国臣、生野で挙兵。

元治1年　1864
フランス公使ロッシュ着任。神戸海軍操練所設立。
池田屋事件。佐久間象山暗殺。禁門の変起こり、久坂玄瑞ら死去。
四国連合艦隊、下関を攻撃。第一次長州征伐。
勝海舟、西郷隆盛と初めて会見。

慶応1年　1865

高杉晋作、下関功山寺で挙兵、長州藩の主導権を握る。
幕府、横須賀製鉄所の工事をフランスに依頼。
第二次長州征伐開始。
イギリス公使パークス着任。イギリス商人グラバー来日。
武市瑞山自刃。

慶応2年　1866

薩長同盟成立。幕長開戦、幕府軍惨敗。
将軍家茂、大坂城で死去。一橋慶喜、宗家を継ぎ、のち15代将軍となる。
孝明天皇崩御。

慶応3年　1867

明治天皇践祚。
坂本龍馬、長崎で後藤象二郎と会見。高杉晋作死去。
龍馬の「船中八策」なる。
山内容堂、大政奉還を慶喜に建白。二条城で慶喜、大政を奉還。
坂本龍馬、中岡慎太郎京都で暗殺。
王政復古の大号令。小御所会議で慶喜の辞官納地決定。

慶応4年（明治1年）　1868

鳥羽伏見の戦い。慶喜、江戸へ帰還。
五箇条の御誓文。勝海舟、西郷隆盛と会見、江戸城無血開城。
近藤勇処刑。榎本武揚、江戸を脱走、蝦夷へ走る。上野で彰義隊戦争。
江戸が東京となり、明治と改元。一世一元となる。
会津藩降伏。

明治2年　1869

横井小楠暗殺。箱館で榎本武揚降伏し、戊辰戦争終結。土方歳三戦死。
版籍奉還。大村益次郎暗殺。

明治3年　1870　慶喜の罪許される。西郷隆盛、鹿児島大参事就任。

明治4年　1871　広沢真臣暗殺。パークス帰国。廃藩置県。
岩倉具視、大久保利通、木戸孝允ら欧米視察に出発。
毛利敬親、鍋島閑叟死去。

明治5年　1872　福沢諭吉「学問のすゝめ」出版。山内容堂死去。
太陽暦採用。学制制定。新橋・横浜間鉄道開業。

明治6年　1873　大久保、木戸ら帰国。征韓論をめぐって西郷らと対立。
西郷、板垣退助、江藤新平らが下野。徴兵令。地租改正。
内務省が設立され、大久保の独裁体制固まる。

明治7年　1874　板垣ら愛国公党を結成。佐賀の乱が起こり、首謀者江藤刑死。
台湾出兵。

明治8年　1875　千島・樺太交換条約締結。

明治9年　1876　熊本で神風連の乱。秋月の乱。萩の乱。前原一誠刑死。廃刀令。

明治10年　1877　西南戦争。敗れて西郷隆盛自刃。木戸孝允死去。東京大学開設。

明治11年　1878　大久保利通暗殺。自由民権運動広がる。

幕末維新の舞台となった主要地

【参考文献】

●一外交官の見た明治維新　アーネスト サトウ　岩波文庫
●日本の歴史 19（開国と攘夷）　中央公論社
●日本の歴史 20（明治維新）　中央公論社
●人物・日本の歴史 10（維新の群像）　読売新聞社
●日本史 1000 人（下）　世界文化社
●幕末・維新のすべてがわかる本　柴田利雄監修　ナツメ社
●幕末・維新人物大事典　西東社
●幕末維新のすべて　洋泉社ＭＯＯＫ
●幕末維新人物事典　歴史群像編集部　学習研究社
●新選組人物誌（文芸別冊）　河出書房新社
●戊辰戦争とは何か（別冊宝島）　八幡和郎監修　宝島社
●坂本龍馬（文芸別冊）　河出書房新社
●名君・暗君江戸のお殿様　中嶋繁雄　平凡社新書
●新選組と会津藩　星亮一　平凡社新書
●偽りの明治維新　星亮一　大和書房
●勝海舟　子母澤寛　新潮社
●榎本武揚　安部公房　中央公論社
●竜馬がゆく　司馬遼太郎　文春文庫
●燃えよ剣　司馬遼太郎　文春文庫
●新選組血風録　司馬遼太郎　角川文庫
●翔ぶが如く　司馬遼太郎　文春文庫
●手にとるように日本史がわかる本　加来耕三監修　かんき出版
＊ほか、Web サイトからも多く参考にさせていただきました。

〈写真〉

西郷隆盛／大久保利通／島津久光／小松帯刀／五代友厚／大山 巌／黒田清隆／大山綱良／税所篤／伊地知正治／川村純義／樺山資紀／西郷従道／木戸孝允／伊藤博文／大村益次郎／高杉晋作／井上 馨／山縣有朋／吉田松陰／広沢真臣／坂本龍馬／板垣退助／中岡慎太郎／後藤象二郎／岩崎弥太郎／松平春嶽／陸奥宗光／横井小楠／佐久間象山／鍋島閑叟／江藤新平／大隈重信／梅田雲浜／大木喬任／橋本左内／岩倉具視／三条実美／勝 海舟／榎本武揚／徳川慶喜／小栗忠順／松平容保／山岡鉄舟／大鳥圭介／土方歳三／近藤 勇（以上、国立国会図書館近代日本の肖像より）／島津斉彬／川路利良／村田新八／篠原国幹／久坂玄瑞／品川弥二郎／山内容堂／阿部正弘（以上、「幕末・明治・大正 回顧八十年史」東洋文化協會より）／海江田信義／有栖川宮熾仁親王（以上、「太陽」博文館より）／桂 久武（「ビジュアル幕末1000人」世界文化社より）／毛利敬親（毛利博物館蔵）／周布政之助（山口博物館蔵）／前原一誠（北大附属図書館北方資料室蔵）／徳川斉昭（京大附属図書館蔵）／伊達宗城（福井市郷土歴史博物館蔵）／井伊直弼（彦根城博物館蔵）／河井継之助（長岡市立中央図書館蔵）

新田 純（にったじゅん）
昭和11年新潟県生まれ。昭和35年早稲田大学政治経済学部卒。双葉社入社。週刊誌記者などを経て、昭和38年、エルム設立。ウルトラマン、仮面ライダーなどテレビマンガの絵本、図鑑などを数多く出版、今日のアニメ全盛の先駆けとなる。その後、出版プロデューサーとして旅や歴史、音楽の話題作を企画出版。著書に「童謡画集・日本の四季」（たなかあきらと共著・北辰堂出版）など。

幕末維新 人物100列伝

平成30年2月15日発行
平成30年3月10日第2刷
著者／新田 純
発行者／唐澤明義
発行／株式会社展望社
〒112-0002 東京都文京区小石川3-1-7エコービルⅡ 202
TEL:03-3814-1997 FAX:03-3814-3063
http://tembo-books.jp/
印刷製本／株式会社ダイトー

ISBN 978-4-88546-342-6 定価はカバーに表記

好評発売中

この一曲に賭けた100人の歌手

塩澤実信

ISBN 978-4-88546-329-7

運命を賭けたデビュー曲！再起をめざした渾身の一曲！それぞれの思いをこめてヒットを夢みた昭和の100人の歌手たち！

四六判 並製　定価:2,000円＋税

展望社